DEUTSCH ALS FREMDSPRACHE NIVEAUSTUFE A1

Themen 1 aktuell

Kursbuch + Arbeitsbuch

Lektion 1–5

von

Hartmut Aufderstraße

Heiko Bock

Karl-Heinz Eisfeld

Mechthild Gerdes

Hanni Holthaus

Jutta Müller

Helmut Müller

Uthild Schütze-Nöhmke

Hueber Verlag

Piktogramme

Hörtext oder Hör-Sprech-Text auf CD oder Kassette (z.B. CD 1, Nr. 3)

Lesen

Schreiben

› § 31 Hinweis auf die Grammatikübersicht im Anhang zum Kursbuch (nach S. 68)

9. 8. 7. | Die letzten Ziffern
2021 20 19 18 17 | bezeichnen Zahl und Jahr des Druckes.
Alle Drucke dieser Auflage können, da unverändert, nebeneinander benutzt werden.
1. Auflage

Umschlagfoto: © Rainer Binder, Bavaria Bildagentur, Gauting
Zeichnungen: Martin Guhl, www.cartoonexpress.ch
Druck und Bindung: Firmengruppe APPL, aprinta Druck GmbH, Wemding
Printed in Germany
ISBN 978-3-19-181690-2

Art. 530_10081_001_07

INHALT

INHALT

„Themen" und „Themen neu" – das ist eine Erfolgsgeschichte, wie sie kein anderes Lehrwerk für Deutsch als Fremdsprache für sich verbuchen kann. Das Geheimnis dieses Erfolgs ist sicher nicht in irgendeiner einzelnen Besonderheit zu suchen, sondern liegt in der gelungenen Kombination von methodischen, sprachlichen, textlichen und gestalterischen Qualitätsmerkmalen, die seit vielen Jahren die Kursleiterinnen und Kursleiter ebenso wie die Lernenden zu überzeugen vermögen.

„Themen" ist inzwischen, wir dürfen es wohl behaupten, zu einem Klassiker geworden. Das würde eigentlich bedeuten, dass man dieses Lehrwerk überhaupt nicht mehr verändern darf. Andererseits sorgt aber gerade seine unverwüstliche Langlebigkeit dafür, dass man die vertrauten Seiten vielleicht ein paar Mal zu oft gesehen hat und sich – bei aller Liebe – sozusagen einen neuen Anstrich wünscht. Zudem hat sich in den letzten Jahren auch die Welt in ein paar Punkten verändert.

Deshalb liegt jetzt das Lehrwerk „Themen aktuell" vor Ihnen – hier in der sechsbändigen Ausgabe, die jeweils 5 Lektionen des Kursbuchs und des Arbeitsbuchs in einem Band zusammenfasst. Die alten Qualitäten in neuem Gewand; und da, wo die gestrige Welt uns schon leicht befremdet hat, jetzt die heutige. Wir hoffen, dass „Themen aktuell" Ihrer Freude am Lernen und Unterrichten noch einmal zusätzlichen Auftrieb geben kann, und wünschen Ihnen viel Erfolg und viel Spaß dabei.

Autoren und Verlag

Guten Tag!
Ich heiße Helga Brunner.
Wie heißen Sie?

Ich heiße Halina Obara.

Mein Name ist Ingrid Lillerud.

Und ich heiße Christoph Biro.

1/1

Das ist Frau Brunner.

Wer ist das?

Wie bitte?

ERSTE KONTAKTE

Guten Tag, ich heiße …
mein Name ist …

Und wie heißen Sie? Ich heiße …
Mein Name ist …

Wer ist das? Das ist Herr …
Frau …

Wie bitte?

1/2

1. Guten Tag!

Mein Name ist Ich heiße	…		
Wer ist	Herr …? Frau …?	Ich. Das bin ich.	
Sind Sie	Herr …? Frau …?	Nein,	ich heiße … mein Name ist …

2. Wie heißen Sie? – Wie heißt du?

1/3

Guten Abend!
Ich heiße Julia Koch.

Mein Name ist
Ilona Sprenger.

Hallo, ich bin die Ingrid.
Wie heißt du?

Ich heiße Christoph.

Mein Name ist …
Wie heißen Sie?

Hallo, ich bin	die Ingrid / … der Christoph / …

Und	wie heißt wer bist	du?

3. Wie geht es Ihnen?

1/4

Farben
Ah, Herr König.
Guten Morgen!
Guten Morgen, Herr Hoffmann.
Wie geht es Ihnen?
Es geht. Und Ihnen?
Danke, gut!

Guten Morgen, Hallo,	…

Wie geht es	Ihnen? dir?

Danke,	gut. es geht.

Und	Ihnen? dir?

Danke, auch gut.
Es geht.

4. Noch einmal, bitte langsam!

- ● Wie heißen Sie, bitte? ■ Raman Pathak.
- ● Wie ist Ihr Familienname? ■ Pathak.
- ● Noch einmal, bitte langsam! ■ Pa - thak.
- ● Wie schreibt man das? Buchstabieren Sie, bitte! ■ P - a - t - h - a - k.
- ● Und Ihr Vorname? ■ Raman. R - a - m - a - n.
- ● Und wo wohnen Sie? ■ In Erfurt.
- ● Ihre Adresse? ■ Ahornstraße 2, 99084 Erfurt.
- ● Und wie ist Ihre Telefonnummer? ■ 3 - 8 - 9 - 4 - 5 - 2 - 7.
- ● Danke schön! ■ Bitte schön!

5. Ergänzen Sie.

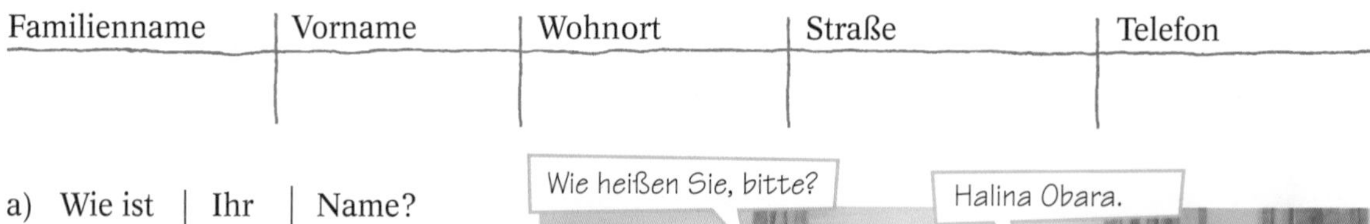

Familienname	Vorname	Wohnort	Straße	Telefon

a) Wie ist | Ihr / dein | Name? / Vorname? / ...?

› § 31

b) Fragen Sie im Kurs.

Wie heißen Sie?	Wie heißt du?
Wo wohnen Sie?	Wo wohnst du?
Wie ist Ihre ...?	Wie ist deine ...?

Ihr / dein	Name / Familienname / Vorname
Ihre / deine	**Adresse / Telefonnummer**

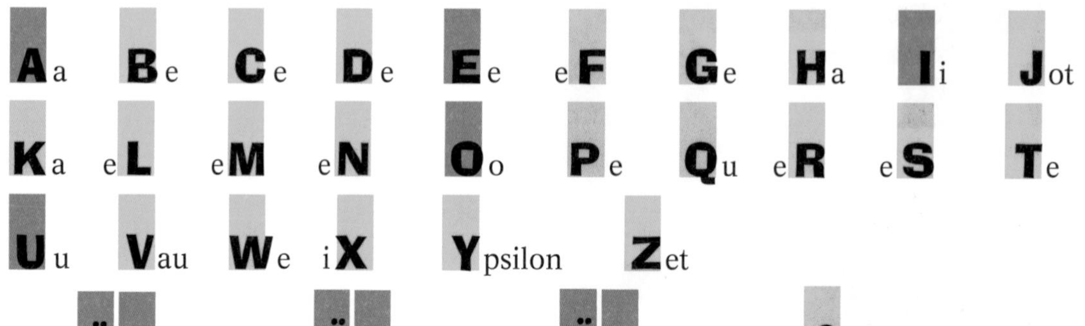

6. Zahlen: Null bis Hundert

0	null	**10**	zehn	**20**	zwanzig			**100**	hundert
1	eins	**11**	elf	**21**	einundzwanzig				
2	zwei	**12**	zwölf	**22**	zweiundzwanzig				
3	drei	**13**	dreizehn	**23**	dreiundzwanzig	**30**	dreißig		
4	vier	**14**	vierzehn	**24**	vierundzwanzig	**40**	vierzig		
5	fünf	**15**	fünfzehn	**25**	fünfundzwanzig	**50**	fünfzig		
6	sechs	**16**	sechzehn	**26**	sechsundzwanzig	**60**	sechzig		
7	sieben	**17**	siebzehn	**27**	siebenundzwanzig	**70**	siebzig		
8	acht	**18**	achtzehn	**28**	achtundzwanzig	**80**	achtzig		
9	neun	**19**	neunzehn	**29**	neunundzwanzig	**90**	neunzig		

7. Postleitzahlen

Die Postleitzahl ist einundsiebzig dreiundsiebzig zwei. Wie heißt der Ort?

73527 Täferrot
93104 Taimering
74388 Talheim Neckar
78607 Talheim Kreis Tuttlingen
71732 Tamm
23623 Tankenrade
84367 Tann Niederbayern
36142 Tann Rhöngebirge
86977 Tannenberg
73497 Tannhausen
88459 Tannheim Württemberg
38479 Tappenbeck
24594 Tappendorf
27412 Tarmstedt

Wie ist die Postleitzahl von ..., bitte?

8. Postkarten

1/6-8

a) Hören Sie Gespräch eins und notieren Sie die Adresse.

b) Hören und notieren Sie zwei weitere Adressen.

Absender

....

....

....

....
(Straße und Hausnummer oder Postfach)

....
(Postleitzahl) (Ort)

Postkarte

....

....

....
(Straße und Hausnummer oder Postfach)

....
(Postleitzahl) (Bestimmungsort)

9. Wer ist da, bitte?

a) Hören Sie und notieren Sie:

b) Hören Sie noch einmal und lesen Sie:

- ● Kaufmann.
- ■ Wer ist da, bitte?
- ● Kaufmann.
- ■ Ist da nicht Gräfinger? 32 36 20?
- ● Nein, hier ist 32 66 20.
- ■ Oh, Entschuldigung!
- ● Macht nichts.

c) Spielen Sie weitere Dialoge.

1.	Martin Sager	42 56 99	*Heinz Meyer*	*42 56 89*
2.	Brigitte Lang	96 85 29	*Otto Kreuzer*	*96 55 27*
3.	Franz Fuchs	93 61 73	*Maria Müller*	*93 33 28*
4.	Heinz Lehmann	77 35 43	*Barbara Völler*	*77 65 43*
5.	Hilde Anselm	34 11 58	*Kurt Schneider*	*24 11 58*

- ● …
- ■ Wer ist da, bitte?
- ● …
- ■ Ist da nicht … ?
- ● Nein, hier ist …
- ■ Oh, Entschuldigung!
- ● Bitte schön. Macht nichts.

10. Wie viel ist das?

1. vierzig plus drei plus fünf ist …
2. sieben + zehn + zwei = …
3. sechzig minus zwanzig = …
4. achtzehn – zwölf + drei = …
5. sechsunddreißig – fünfzehn = …
6. fünf mal drei + drei = …
7. acht x vier – eins = …
8. sechzehn durch vier + fünf = …
9. zwanzig : zwei x fünf = …
10. dreizehn + siebzehn = … : sechs = …

11. Wie weiter?

1 – 3 – 5 – …
30 – 28 – 26 – …
11 – 22 – 33 – …
98 – 87 – 76 – 65 – …
50 – 60 – 40 – 70 – 30 – …

Düsseldorf ist international

Julia Omelas Cunha

Victoria Roncart

Farbin Halim

KOTA OIKAWA

Sven Gustafsson

Das sind Kinder aus aller Welt. Sie kommen aus Brasilien, Frankreich, Indien, Japan und Schweden. Sie wohnen in Düsseldorf, denn ihre Eltern arbeiten da. In Deutschland leben etwa fünf Millionen Ausländer. In Düsseldorf sind es etwa 100 000.

12. Was meinen Sie?

● Woher	kommt ist	Julia? Sven?	■	Er Sie	kommt ist	aus …
	kommen sind	… …		Sie	kommen sind	

Lösung Seite 147

13. Und woher kommen Sie?

Ich komme aus Bergen
in Norwegen.
Und woher kommen Sie?
Ich komme aus Rumänien.
Aus Bukarest.
Ich bin aus Kanada.
mexx

› § 22, 24 § 10

Leute, Leute.

› § 33a), b)
§ 40

Das ist Angelika Wiechert.
Sie kommt aus Dortmund;
jetzt lebt sie in Hamburg.
Sie ist verheiratet und hat zwei Kinder.
Frau Wiechert ist 34 Jahre alt
und Ingenieurin von Beruf.
Aber zurzeit ist sie Hausfrau.
Die Kinder sind noch klein.
Angelika Wiechert hat zwei Hobbys:
Lesen und Surfen.

Maja und Gottfried Matter wohnen in Brienz.
Sie sind Landwirte und arbeiten zusammen.
Maja ist 42, Gottfried ist 44 Jahre alt.
Sie haben vier Kinder.
Ein Junge studiert Elektrotechnik in Basel,
ein Mädchen lernt Bankkauffrau in Bern.
Zwei Kinder sind noch Schüler.
Auch sie möchten später nicht Landwirte werden.

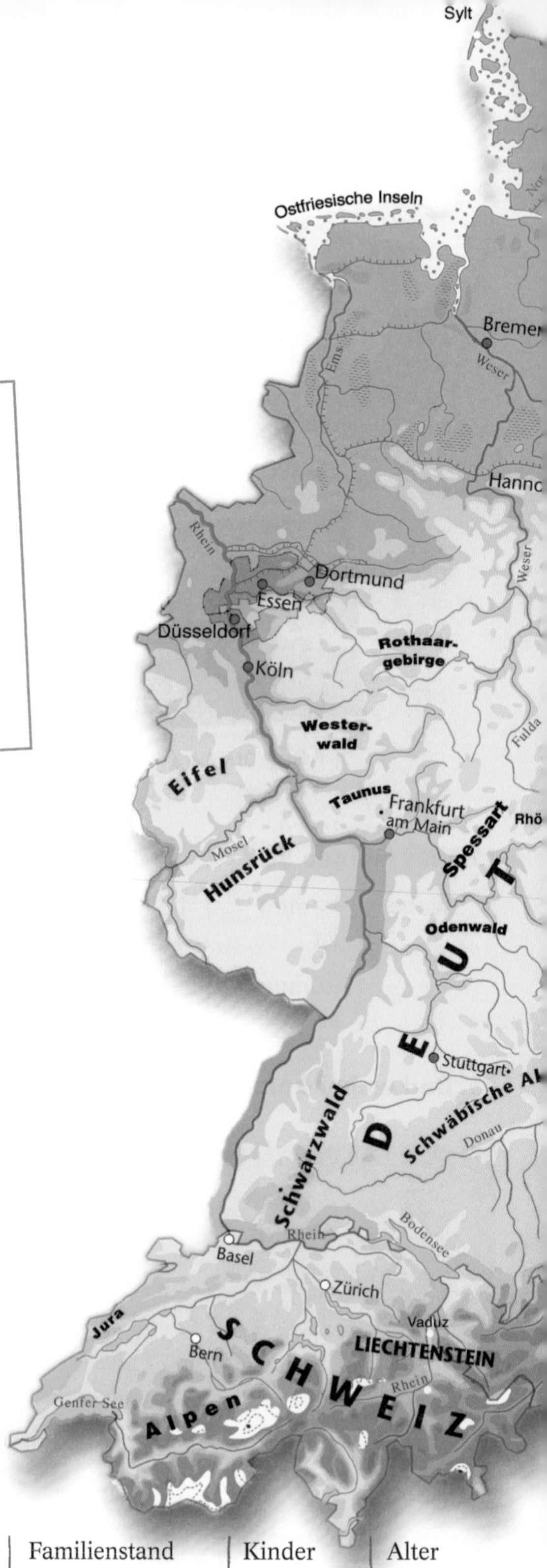

14. Ergänzen Sie.

Name	Beruf	Wohnort	Familienstand	Kinder	Alter
A. Wiechert					
M. und G. Matter					

Katja Heinemann ist Ärztin in Leipzig.
Sie ist 36 Jahre alt.
Sie ist ledig und hat ein Kind.
Berufstätig sein und ein Kind erziehen, das ist nicht leicht.
Katja Heinemann spielt sehr gut Klavier.
Das ist ihr Hobby.

Klaus-Otto Baumer, Automechaniker, wohnt in Vaduz.
Er hat dort eine Autofirma.
Er ist 53 Jahre alt und verwitwet.
Herr Baumer ist oft in Österreich und in der Schweiz.
Dort kauft und verkauft er Autos.
Sein Hobby ist Reisen.

Ingenieur	–	Ingenieurin
Landwirt	–	Landwirtin
Mechaniker	–	Mechanikerin
Arzt	–	Ärztin

Name	Beruf	Wohnort	Familienstand	Kinder	Alter
K. Heinemann					
K.-O. Baumer					

15. Schreiben Sie drei Kurztexte.

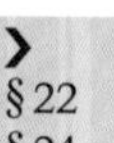

› § 22 § 24

Ewald Hoppe	Das ist …
Polen	Er kommt aus …
Rostock	Er wohnt in …
60 Jahre	Er ist …
Elektrotechniker	Er …
verheiratet mit Irena Hoppe	…
Zwei Kinder: 20 und 24	Er hat …; sie sind …

Monika Sager, Manfred Bode, Paul Winterberg	Das sind …
Berlin, Flemingstraße 25	Sie wohnen …
Monika, 23, Studentin (Medizin), ledig	Monika ist … Sie studiert …
Manfred, 27, Lehrer (Englisch), ledig	Manfred …
Paul, 26, Fotograf, geschieden	

Klaus Henkel	Das …
Wien	Er …
40, ledig	…
Programmierer bei Müller & Co.	…
Hobby: Tennis spielen	Sein Hobby …

1/10-12

16. Hören Sie.

Wer spricht? Klaus-Otto Baumer? Manfred Bode? Katja Heinemann? Klaus Henkel? Ewald Hoppe? Gottfried Matter? Maja Matter? Monika Sager? Angelika Wiechert?

17. Und jetzt Sie: Wer sind Sie?

a) Ergänzen Sie:

Beruf: ____________ Familienstand: ____________ Alter: ____________
Wohnort: ____________ Kinder: ____________ Hobbys: ____________
Land: ____________

b) Schreiben Sie und lesen Sie dann laut:
Ich heiße … Ich komme aus … Ich wohne in …

c) Fragen Sie im Kurs und berichten Sie dann:
Das ist … Sie kommt aus …

1/13

- ● Guten Tag, ist hier noch frei?
- ■ Ja, bitte. Sind Sie neu hier?
- ● Ja, ich arbeite erst drei Tage hier.
- ■ Ach so. Und was machen Sie?
- ● Ich bin Ingenieur. Und Sie?
- ■ Ich bin Programmierer.
  Übrigens: Ich heiße Klaus Henkel.
- ● Ich bin John Roberts.
- ■ Kommen Sie aus England?
- ● Nein, aus Neuseeland.
- ■ Sie sprechen aber schon gut Deutsch.
- ● Na ja, es geht.

18. Schreiben und spielen Sie einen Dialog.

› § 32

● Ist hier frei?	■ Ja, bitte.
● Sind Sie neu hier?	■ Ja, ich arbeite erst drei Tage hier. Nein, ich arbeite schon vier Monate hier.
● Und was machen Sie? Was sind Sie von Beruf?	■ Ich bin Programmierer. Und Sie?
● Ich bin … Übrigens, ich heiße …	■ Und ich heiße …
● Kommen Sie aus …?	■ Ja. Nein, ich komme aus …
● Sie sprechen aber schon gut Deutsch.	■ Danke! Na ja, es geht.

John Roberts aus Wellington
Ingenieur, verheiratet, ein Kind
München, Salzburger Straße
spielt Fußball, fotografiert

1/14

● Hallo! Habt ihr Feuer?
■ Nein, leider nicht.
● Wartet ihr hier schon lange?
■ Es geht.
● Woher kommt ihr?
■ Wir kommen aus Rostock.
Und woher kommst du?
● Ich komme aus Bruck.
▲ Wo liegt das denn?
● Bei Wien. Ich bin Österreicher.
Wohin möchtet ihr?
▲ Nach München.
Und wohin möchtest du?
● Nach Stuttgart.

19. Wo sind die Tramper?

› § 22 § 24

20. Spielen Sie weitere Dialoge.

1/15

21. Hören Sie das Gespräch.

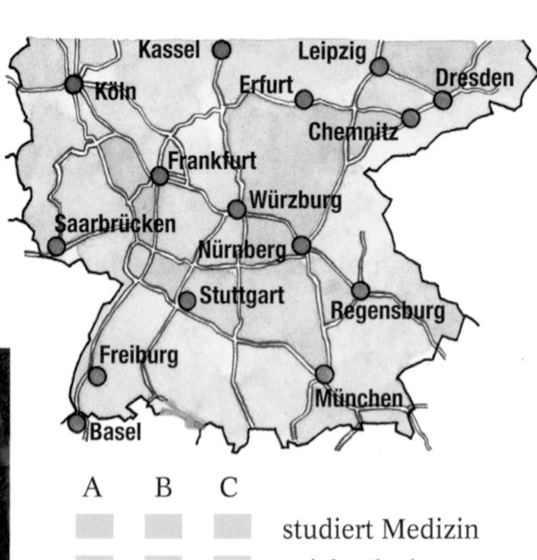

A	B	C	
▢	▢	▢	studiert Medizin
▢	▢	▢	spielt Klavier
▢	▢	▢	wohnt in Fulda
▢	▢	▢	wohnt in Sanitz

a) C besucht seine Mutter.
b) C hat Geburtstag.
c) C wohnt in Nürnberg.

1/16

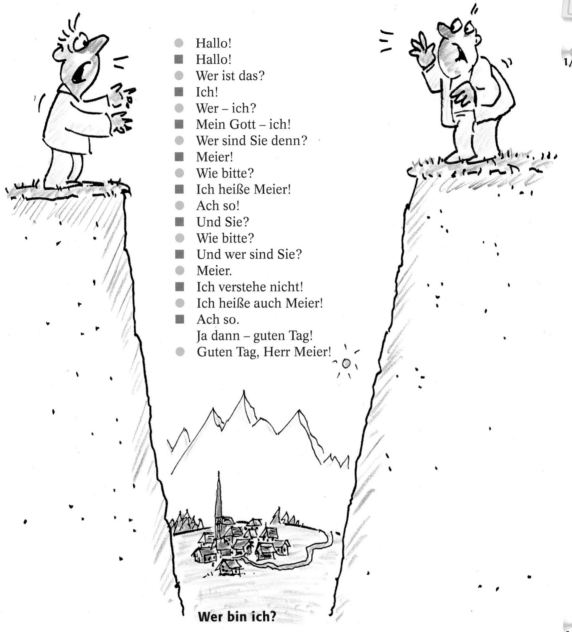

- ● Hallo!
- ■ Hallo!
- ● Wer ist das?
- ■ Ich!
- ● Wer – ich?
- ■ Mein Gott – ich!
- ● Wer sind Sie denn?
- ■ Meier!
- ● Wie bitte?
- ■ Ich heiße Meier!
- ● Ach so!
- ■ Und Sie?
- ● Wie bitte?
- ■ Und wer sind Sie?
- ● Meier.
- ■ Ich verstehe nicht!
- ● Ich heiße auch Meier!
- ■ Ach so.
  Ja dann – guten Tag!
- ● Guten Tag, Herr Meier!

Wer bin ich?

1/17

Wer bin ich?
Wer bin ich denn?
Bin ich …?
Oder bin ich …?
Bin ich vielleicht …?
Ach was –
ICH BIN.

Herr Weiß aus Schwarz

1/18

- ● Wie heißen Sie?
- ■ Weiß.
- ● Vorname?
- ■ Friedrich.
- ● Wohnhaft?
- ■ Wie bitte?
- ● Wo wohnen Sie?
- ■ In Schwarz.
- ● Geboren?
- ■ Wie bitte?
- ● Wann sind Sie geboren?
- ■ Am 5. 5. 55.
- ● Geburtsort?
- ■ Wie bitte?
- ● Wo sind Sie geboren?
- ■ In Weiß.
- ● Sind Sie verheiratet?
- ■ Ja.
- ● Wie heißt Ihre Frau?
- ■ Isolde, geborene Schwarz.
- ● Sie sind also Herr Weiß – wohnhaft in Schwarz – geboren in Weiß – verheiratet mit Isolde Weiß – geborene Schwarz?
- ■ Richtig.
- ● Und was machen Sie?
- ■ Wie bitte?
- ● Was sind Sie von Beruf?
- ■ Ich bin Elektrotechniker. Aber ich arbeite – schwarz.
- ● Das ist verboten.
- ■ Ich weiß.

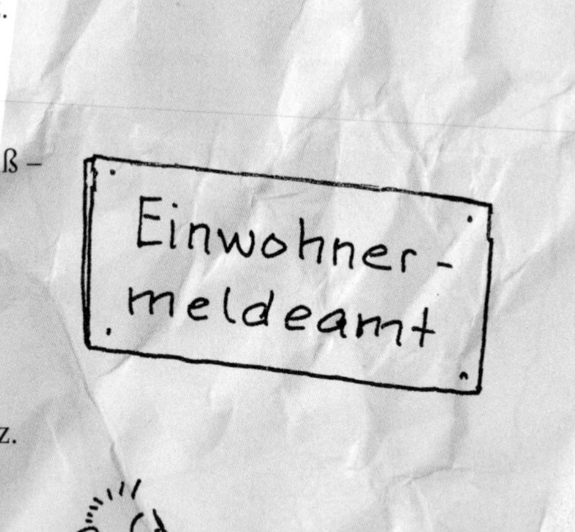

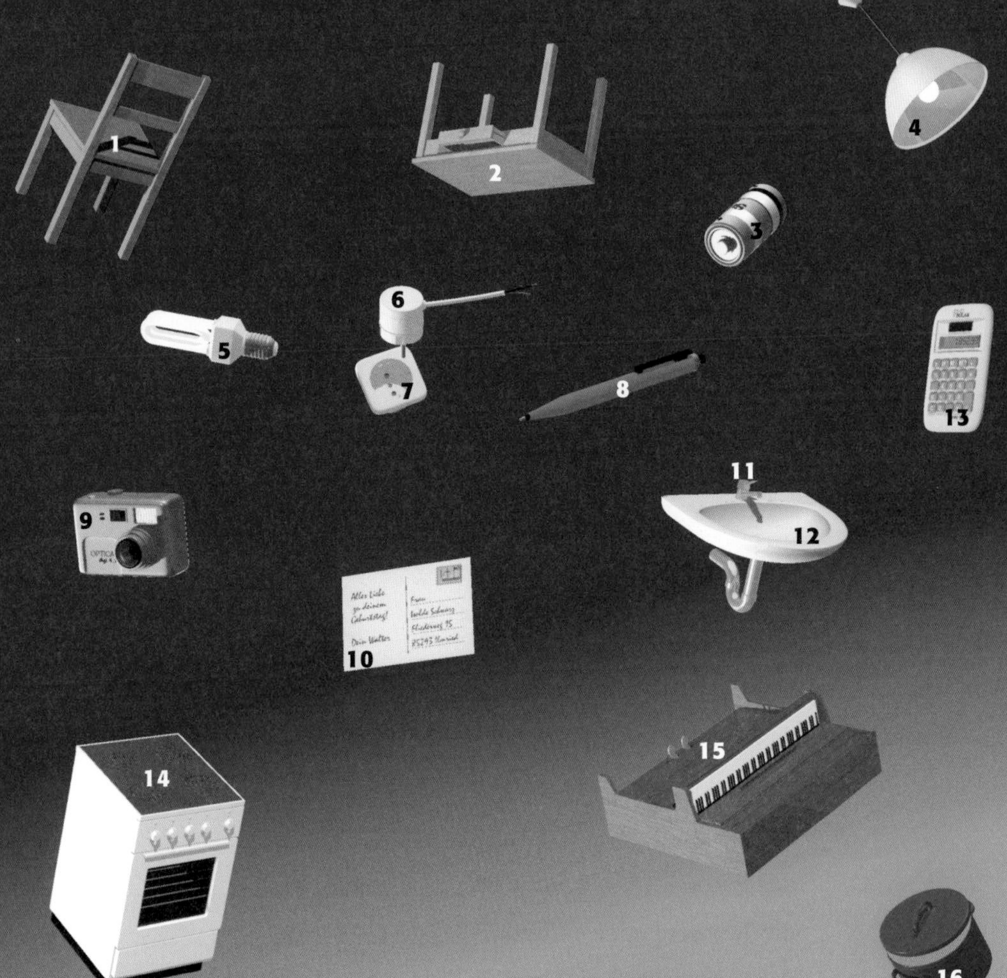

1 Stuhl ◆ 2 Tisch ◆ 3 Batterie ◆ 4 Lampe ◆ 5 Glühbirne ◆ 6 Stecker ◆ 7 Steckdose ◆ 8 Kugelschreiber ◆ 9 Kamera ◆ 10 Postkarte ◆ 11 Wasserhahn ◆ 12 Waschbecken ◆ 13 Taschenrechner ◆ 14 Elektroherd ◆ 15 Klavier ◆ 16 Topf

der Elektroherd

der Tisch

das Foto

die Taschenlampe

der Kugelschreiber

das Waschbecken

der Taschenrechner

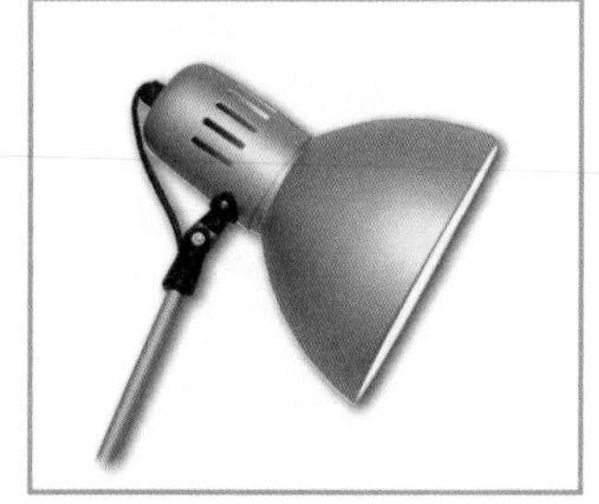
die Lampe

der Stecker

1. Was passt zusammen?

Entscheiden Sie. Sie haben 5 Minuten Zeit.

der Elektroherd	und	*der Topf*
der Tisch	und	
das Foto	und	
die Taschenlampe	und	
der Kugelschreiber	und	
das Waschbecken	und	
der Taschenrechner	und	
die Lampe	und	
der Stecker	und	

Singular	Plural
der Tisch	**die** Tische
die Batterie	**die** Batterien
das Foto	**die** Fotos

› §1

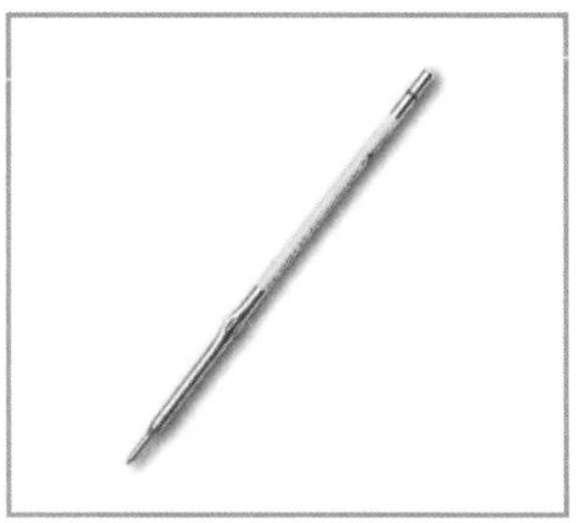

die Mine

die Glühbirne

der Topf

die Zahlen

der Stuhl

die Steckdose

die Batterien

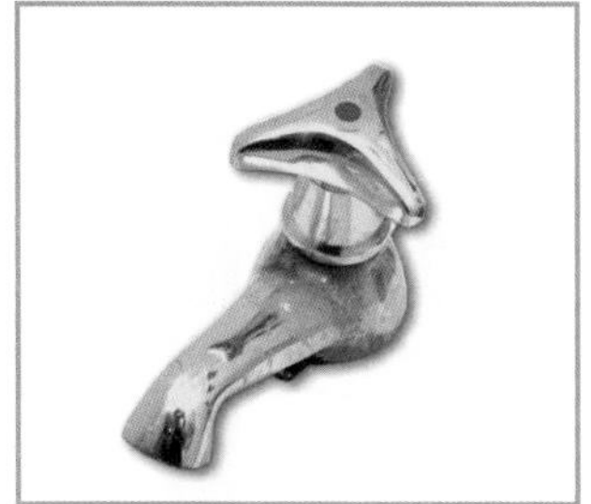

der Wasserhahn

die Kamera

2. Worträtsel.

Ergänzen Sie die Wörter.

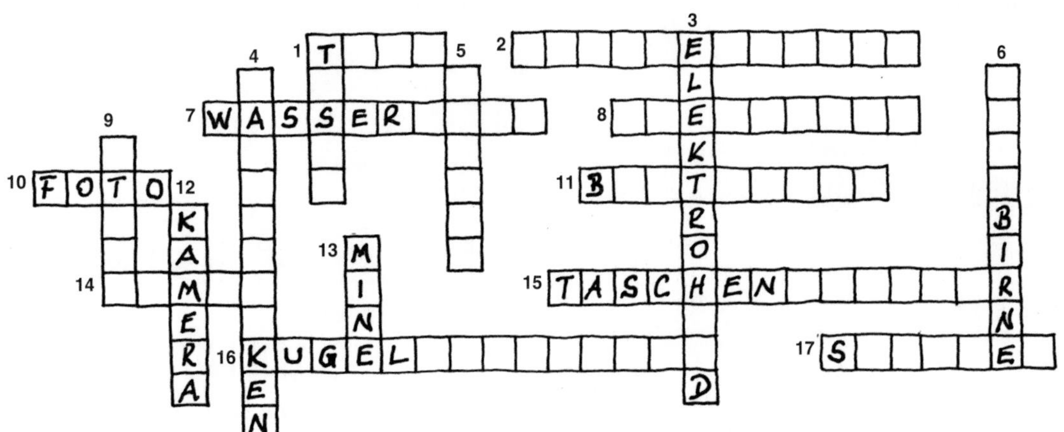

BADENIA-KÜCHEN

Eine Küche ist eine Küche

Das ist ein Küchenschrank.

Das ist ein Küchenregal.

Das ist eine Spüle.

Das ist eine Küchenlampe.

Das sind Küchenstühle.

oder eine Küche von BADENIA

Das ist ein Küchenschrank von BADENIA.

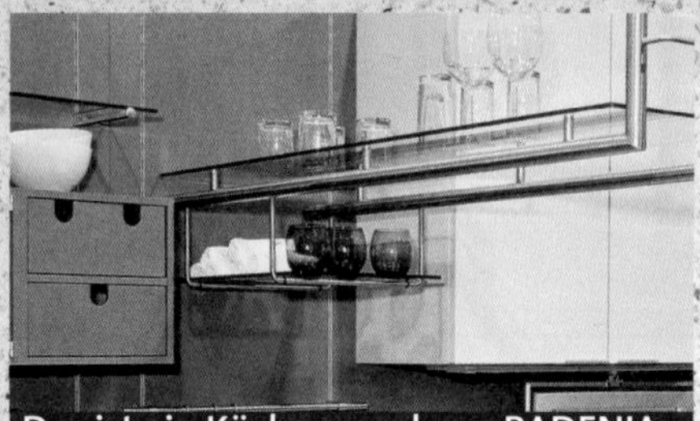

Das ist ein Küchenregal von BADENIA.

Das ist eine Spüle von BADENIA.

Das ist eine Küchenlampe von BADENIA.

Das sind Küchenstühle von BADENIA.

Eine Küche von

BADENIA-Möbel
Eine Küche für Sie!

Singular	Plural
Das ist …	Das sind …
ein Schrank.	– Schränke.
eine Spüle.	– Spülen.
ein Regal.	– Regale.

3. „Der", „ein" oder „er"? „Die", „eine" oder „sie"? „Das", „ein", oder „es"?

› § 1 § 11

Das ist ein BADENIA-Küchenschrank. Der Schrank hat 3 Regale. Er kostet € 698,–.

Das ist eine BADENIA-Spüle. Die Spüle hat zwei Becken. Sie kostet € 199,–.

Das ist ein BADENIA-Kochfeld. Das Kochfeld ist aus Glaskeramik. Es kostet € 489,–.

Das sind BADENIA-Küchenstühle. Die Stühle sind sehr bequem. Sie kosten € 185,–.

Das ist _____ BADENIA-Elektroherd. _____ Herd ist sehr modern. _____ kostet € 987,–.

Das ist _____ BADENIA-Mikrowelle. _____ Mikrowelle hat 1000 Watt. ___ kostet € 568,–.

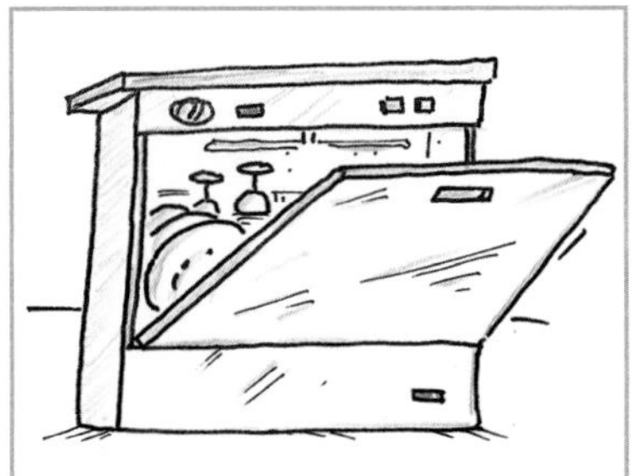

Das ist _____ BADENIA-Geschirrspüler. _____ Geschirrspüler hat 5 Programme. _____ kostet € 849,–.

Das ist _____ BADENIA-Küchenlampe. _____ Lampe hat vier Glühbirnen. _____ kostet € 157,–.

Das ist _____ BADENIA-Küchenregal. _____ Regal ist sehr praktisch. _____ kostet € 108,–.

Das ist	**ein**	Küchenschrank.	**Der** Schrank	hat …	**Er** kostet …
Das ist	**eine**	Spüle.	**Die** Spüle	hat …	**Sie** kostet …
Das ist	**ein**	Kochfeld.	**Das** Feld	ist …	**Es** kostet …
Das sind	–	Küchenstühle.	**Die** Stühle	sind …	**Sie** kosten …

Zwei Personen – Zwei Küchen

Küche 1:
Kurt W., 28 Jahre,
Verkaufsleiter

Küche 2:
Herta G., 73 Jahre,
Rentnerin

4. Was ist in Küche 1?

Da ist	ein Abfalleimer. eine Waschmaschine. ein Telefon. …	Da sind	vier Stühle. …

5. Was ist in Küche 2?

› § 1

Da ist auch	ein Herd. eine … ein …	Aber da ist	kein Geschirrspüler. keine … kein …
Da sind auch	Stühle. …	Aber da sind	keine … …

Singular:	Da ist	**ein** Stuhl **kein** Stuhl	**eine** Lampe **keine** Lampe	**ein** Bild **kein** Bild
Plural:	Da sind	Stühle **keine** Stühle	Lampen **keine** Lampen	Bilder **keine** Bilder

6. Was kann man hier ersteigern?

› § 1, 9

3 Telefone, 4 Elektroherde, ...

7. Zahlen bis 1000

1/19-25

Hören Sie. Wie viel Geld bieten die Leute? Notieren Sie.

a) Elektroherd: *120,– 130,– 140,– 160,– 180,– 185,– 187,–*

b) Tisch: ______

c) Schrank: ______

d) Kühlschrank: ______

e) Radio: ______

f) Fernsehapparat: ______

g) Uhr: ______

100	hundert	**101**	hunderteins	**111**	hundertelf
200	zweihundert	**102**	hundertzwei	**112**	hundertzwölf
300	dreihundert	**103**	hundertdrei	**113**	hundertdreizehn
400	vierhundert	**104**	hundertvier	**114**	hundertvierzehn
500	fünfhundert	**105**	hundertfünf	**115**	hundertfünfzehn
600	sechshundert	**106**	hundertsechs	**116**	hundertsechzehn
700	siebenhundert	**107**	hundertsieben	**117**	hundertsiebzehn
800	achthundert	**108**	hundertacht	**118**	hundertachtzehn
900	neunhundert	**109**	hundertneun	**119**	hundertneunzehn
1000	tausend	**110**	hundertzehn	**120**	hundertzwanzig

Dies & Das

Das Geschäft mit Witz und Ideen

Ihr Fernsehapparat funktioniert.

Ihr Telefon funktioniert.

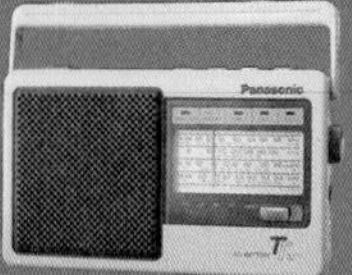

Ihr Radio funktioniert.

Aber ...

seien Sie mal ehrlich:

Ist Ihr Fernsehapparat originell?
Ist ihr Telefon witzig?
Ist Ihr Radio lustig?

Nein?
Dann kommen Sie zu

Dies & Das

Ihr Geschäft mit 1000 Ideen für Haus und Haushalt

Was ist das?

Preisausschreiben

1. Preis

(Wert € 298,–)

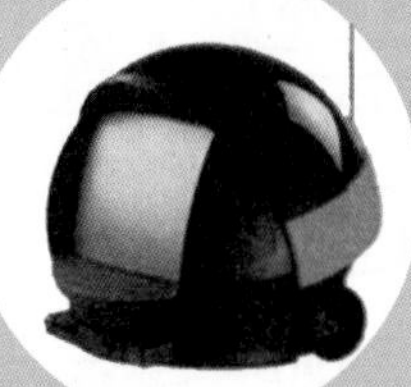

Das ist
kein Helm,
sondern

____ ________

____

2. Preis

(Wert € 128,–)

Das ist
kein Schuh,
sondern

____ ________

____

3. Preis

(Wert € 89,–)

Das ist
keine Parkuhr,
sondern

____ ________

____

Name / Vorname

Straße / Hausnummer

PLZ / Wohnort

Lösung bis 30.09. an: **Dies & Das**
Mainzer Straße 12
60599 Frankfurt

(der / ein)	**Ihr** Fernsehapparat	funktioniert.
(die / eine)	**Ihre** Uhr.	
(das / ein)	**Ihr** Telefon.	
(die / –)	**Ihre** Uhren	funktionieren.

● Entschuldige bitte! Was ist das denn?
■ Das ist mein Bett.
● Was ist das? Dein Bett?
■ Ja, mein Bett. Es ist sehr bequem.
● Mmh …, es ist sehr lustig.

● Entschuldigen Sie! Was ist das denn?
■ Das ist mein Auto.
● Was sagen Sie? Ihr Auto?
■ Ja, mein Auto. Es fährt sehr gut.
● Äh …, es ist sehr originell.

8. Hören Sie die Dialoge.

Ergänzen Sie dann.

› § 6a) § 11

a)
● Entschuldigen Sie! Was ist das denn?
■ Das ist _______ Fernsehapparat.
● Was sagen Sie? _______ Fernsehapparat?
■ Ja, das ist _______ Fernsehapparat.
● Funktioniert _______?
■ Ja, _______ ist neu.
● Mmh …, _______ ist sehr originell.

b)
● Entschuldigen Sie! Was _______ das denn?
■ Das _______ _______ Stühle.
● Wie bitte? Das _______ _______ Stühle?
■ Ja, _______ Stühle. Warum fragen Sie?
● Mmh …, _______ _______ sehr modern.
Sind _______ auch bequem?
■ Ja.

c)
● Sag mal, was ist das denn?
■ Das ist _______ Spüle.
● Wie bitte? Das ist _______ _______________?
■ Ja. _______ ist sehr praktisch.
● Äh …, _______ ist sehr lustig.

d)
● _______, was ist das denn?
■ Das _______ _______ Waschmaschine.
● Wie bitte? Was _______ du?
■ Das ist _______ _______________!
● Und _______________ _______ auch?
■ Ja, kein Problem.
● Äh …, _______ _______ sehr witzig.

9. Spielen Sie ähnliche Dialoge im Kurs.

Das ist	**mein / dein / Ihr**	Fernsehapparat.	**Er**	ist originell.
	meine / deine / Ihre	Waschmaschine.	**Sie**	
	mein / dein / Ihr	Telefon.	**Es**	
Das sind	**meine / deine / Ihre**	Stühle.	**Sie**	sind bequem.

1/32

- ● Meine Kamera ist kaputt.
- ■ Was ist los? Deine Kamera ist kaputt?
- ● Ja, sie ist kaputt. Sie funktioniert nicht.
- ■ Nein, nein, sie ist nicht kaputt. Die Batterie ist leer.
- ● Ach so!

10. Ergänzen, hören und sprechen.

a) Ergänzen Sie.

- ● _____ _________ fährt nicht!
- ■ Was sagst du? _____ _________ fährt nicht?
- ● Ja, _____ ist kaputt. _____ fährt nicht.
- ■ Nein, nein, _____ ist nicht kaputt. Das Benzin ist alle.
- ● Ach so!

- ● _____ _________ funktioniert nicht!
- ■ Was sagst du? _____ _________ funktioniert nicht?
- ● Ja, _____ ist kaputt. _____ _________ nicht.
- ■ Nein, nein, _____ ist nicht kaputt. Der Stecker ist raus.
- ● Ach so!

- ● _____ __________________ schreibt nicht!
- ■ Was sagst du? _____ __________________ ist kaputt?
- ● Ja, _____ ist kaputt. _____ __________________ nicht.
- ■ Nein, nein, _____ ist nicht kaputt. Die Mine ist leer.
- ● Ach so!

- ● _____ Spülmaschine spült nicht!
- ■ Was sagst du? _____ __________________ geht nicht?
- ● Ja, _____ ist _________. _____ _________ nicht.
- ■ Nein, nein, _____ _____ nicht kaputt. Der Wasserhahn ist zu.
- ● Ach so!

1/33-36

b) Hören Sie jetzt die Dialoge auf CD oder Kassette. Korrigieren Sie Ihre Fehler!

c) Spielen Sie ähnliche Dialoge im Kurs.

- Die Waschmaschine wäscht/geht/funktioniert nicht. – Der Wasserhahn ist zu.
- Der Taschenrechner funktioniert/geht nicht. – Die Batterien sind leer.
- Das Fernsehgerät funktioniert/geht nicht. – Die Fernbedienung ist kaputt.

Lernspiel

Gruppen mit 3 Personen (Spieler A, Spieler B, Spieler C).

Schreiben Sie 20 Karten mit Wörtern.

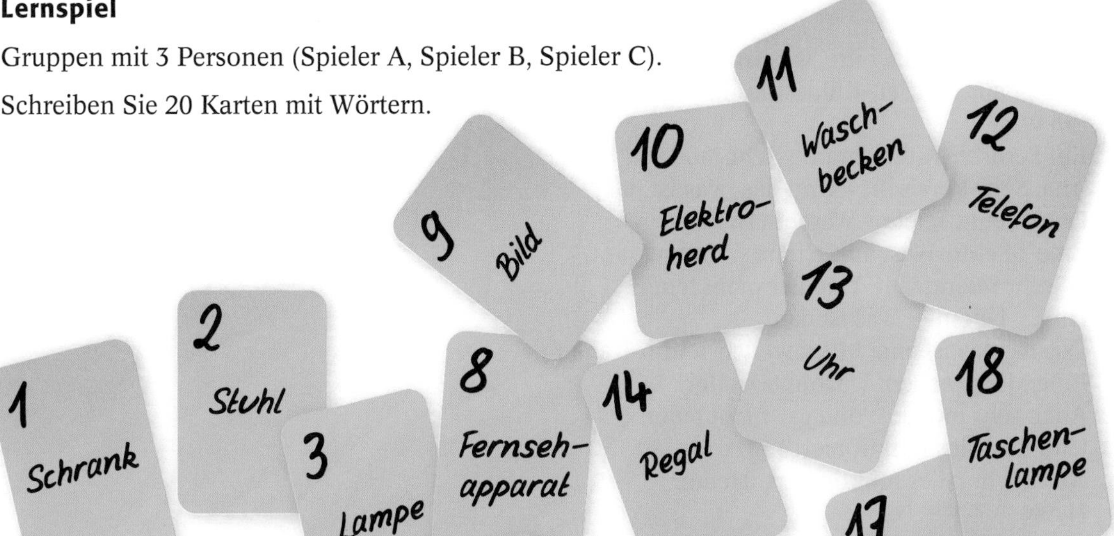

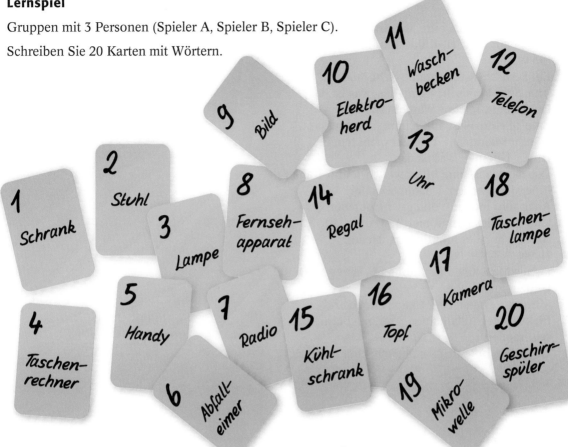

Spieler A bekommt 10 Karten, Spieler B bekommt 10 Karten.

Spieler C fragt Spieler A oder Spieler B:

Antonia, ist Nr. 1 dein Schrank?
oder
Frau Sanchez, ist Nr. 1 Ihr Schrank?

Antwort:

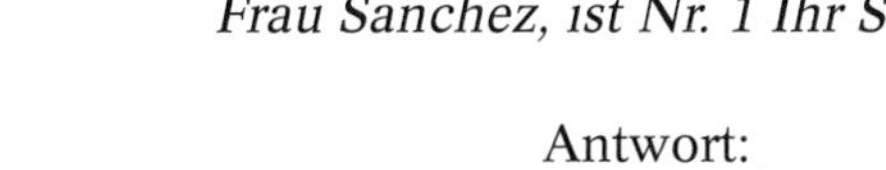

Spieler A (oder B) hat die Karte und sagt:
Ja, das ist mein Schrank.
Spieler C bekommt einen Punkt.
Spieler B (oder A) sagt:
Stimmt, das ist ihr / sein Schrank.

Spieler A (oder B) hat die Karte nicht und sagt:
Nein, das ist ihr / sein Schrank.
Spieler C bekommt keinen Punkt.
Spieler B (oder A) sagt:
Stimmt, das ist mein Schrank.

› § 6a)

Die Spieler wechseln: Spieler A ist jetzt Spieler B, Spieler B ist C, Spieler C ist A.

Viel Spaß!

1/37

Alles ganz modern

- Entschuldigen Sie bitte, was ist denn das?
- Das ist ein Fernseh-Kühlschrank.
- Ein was?
- Ein Fernseh-Kühlschrank. Sehr modern!
- Aha. Sehr komisch! – Und das, was ist das?
- Das ist eine Telefon-Waschmaschine.
- Eine Telefon-Waschmaschine … interessant.
- Ja, sehr interessant. Und gar nicht teuer.
- Hm … Und das, was ist das?
- Das da, das ist eine Mikrowellen-Radio-Kamera.
- Eine Mikrowellen … Donnerwetter!
- Auch sehr modern, und gar nicht teuer.
- Und das alles funktioniert?
- Natürlich. Alles funktioniert. Heute.
- Heute …?
- Ja, alle Maschinen funktionieren sehr gut. Heute.
- Und morgen …?
- Morgen … na ja. Da ist auch ein Hybrid-Elektrosolar-Abfalleimer. Sehr billig und auch sehr modern.
- Gut, dann bitte den Abfalleimer! Für morgen.

LEKTION 3

ESSEN UND TRINKEN

1 die Kartoffeln ◆ 2 das Obst ◆ 3 der Salat ◆ 4 der Käse ◆ 5 die Wurst ◆ 6 der Reis ◆ 7 die Milch ◆ 8 das Gemüse ◆ 9 das Wasser ◆ 10 der Wein ◆ 11 die Butter ◆ 12 das Fleisch ◆ 13 der Fisch ◆ 14 das Glas ◆ 15 das Bier ◆ 16 das Brot ◆ 17 die Gabel ◆ 18 der Löffel ◆ 19 der Teller ◆ 20 das Messer ◆ 21 das Ei ◆ 22 der Kuchen

Franz Kaiser
Er trinkt / isst …

Clara Mai
Sie trinkt / isst …

Thomas Martens
Er trinkt / isst …

1. Was isst …?

● Was	isst trinkt	Franz Kaiser? …
■ Er Sie	isst trinkt	einen Hamburger. …

		der	die	das
Franz Kaiser Clara Mai Thomas Martens	**isst**	**einen** Hamburger einen Salat einen Kuchen einen Fisch	eine Pizza eine Suppe Butter Marmelade Kartoffeln Pommes frites	ein Brötchen ein Ei ein Wurstbrot ein Käsebrot ein Hähnchen ein Kotelett ein Eis Gemüse Ketchup
	trinkt	**einen** Orangensaft einen Wein einen Tee	eine Milch eine Cola	ein Mineralwasser

› § 2 § 8, 41

(die Flasche)	eine Flasche zwei Flaschen	Mineralwasser Milch / Cola
(das Glas)	ein Glas drei Gläser	Wein / Bier Saft
(die Dose)	eine Dose vier Dosen	Cola / Bier / Saft Mineralwasser
(die Tasse)	eine Tasse zwei Tassen	Tee / Milch Kaffee

Nominativ		**Akkusativ**	
Das ist	ein Hamburger. eine Pizza. ein Eis.	Er isst	einen Hamburger. eine Pizza. ein Eis.

2. Erzählen Sie.

› § 33b)

a) Morgens isst Franz Kaiser ein Brötchen mit Butter und Marmelade. Er trinkt ein Glas Milch.
Mittags isst er einen Hamburger und trinkt eine Dose Cola.
Nachmittags isst Franz Pommes frites mit Ketchup und ein Eis.
Abends isst er eine Pizza und trinkt eine Cola.

b) Morgens isst Clara Mai … Sie trinkt …
Mittags isst sie … Sie trinkt … Nachmittags … Abends …

c) Morgens isst Thomas Martens …
Mittags … Nachmittags … Abends …

3. Wer mag keinen Fisch?

a) Was glauben Sie? Wer isst / trinkt keinen/keine/kein …?

Franz	Clara	Thomas	isst		Franz	Clara	Thomas	trinkt	
			keinen	Salat.				kein	Mineralwasser.
			keinen	Fisch.				keinen	Kaffee.
			keine	Wurst.				kein	Bier.
			keinen	Reis.				keinen	Wein.
			keine	Pommes frites.				keine	Cola.
			keinen	Kuchen.					
			kein	Eis.					
			keinen	Käse.					

1/38-40

b) Hören Sie die Interviews auf CD oder Kassette. Markieren Sie die Antworten.

4. Üben Sie.

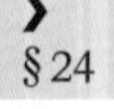
§ 24

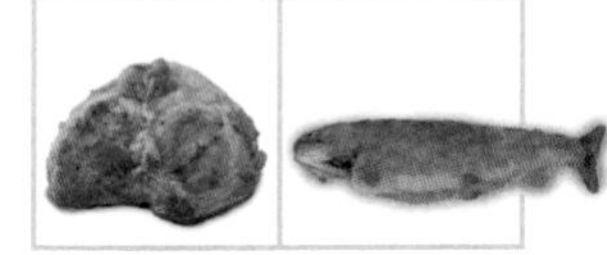

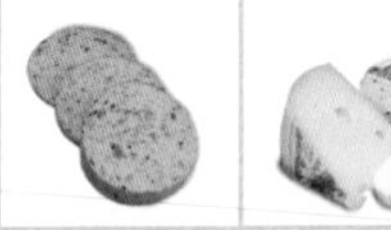

a) ● Essen Sie gerne Fleisch?
■ Ich mag kein Fleisch.
Ich esse lieber Fisch.

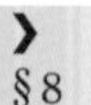
§ 8

b) ● Trinken Sie gerne Kaffee? ■ Ich mag keinen Kaffee.
Ich trinke lieber Tee.

5. Und was essen Sie?

› § 33b), c) § 48

Morgens / Mittags Nachmittags / Abends	esse trinke	ich	meistens / (sehr) oft manchmal / (sehr) gerne	einen/eine/ein –	…

Ich mag	keinen/keine/kein keine	…, aber …	esse trinke	ich gerne.

★★★ Gasthof Niehoff ★★★

KALTE GERICHTE

Fischplatte mit Toastbrot und Butter	7,70
Käseteller mit Weißbrot	4,45
Schinkenplatte mit Schwarzbrot, Butter, Gurken	5,75

SUPPEN

Gemüsesuppe	2,50
Rindfleischsuppe	2,20
Zwiebelsuppe	3,00

HAUPTGERICHTE

Schweinebraten mit Kartoffeln und Rotkohl	8,90
Rindersteak mit Pommes frites und Bohnen	12,40
Bratwurst mit Brot	4,50
Bratwurst mit Pommes frites oder Kartoffelsalat	5,40
Kotelett mit Bratkartoffeln und Salatteller	7,50
1/2 Brathähnchen mit Reis und Gemüse	6,40
Bratfisch mit Kartoffeln und Salat	7,70

DESSERT UND KUCHEN

Eis mit Sahne	2,20
Eis mit Früchten und Sahne	2,80
Apfelkuchen	1,70
Obstkuchen	1,80

GETRÄNKE

Cola	(Flasche, 0,2 l)	1,50
Limonade	(Flasche, 0,2 l)	1,50
Apfelsaft	(Glas, 0,2 l)	1,80
Bier	(Glas, 0,3 l)	1,85
Rotwein	(Glas, 0,25 l)	3,00
Weißwein	(Glas, 0,25 l)	3,00
Kaffee	(Tasse)	1,30
Tee	(Glas)	1,30

6. Ich nehme …

a) Hören Sie das Gespräch und lesen Sie.

1/41

Ich nehme eine Zwiebelsuppe und dann einen Schweinebraten mit Kartoffeln und Rotkohl. Ich trinke ein Glas Wein. Als Nachtisch esse ich einen Obstkuchen mit Sahne und danach trinke ich noch einen Kaffee.

Ich nehme einen Käseteller mit Weißbrot …

b) Sie sind im Gasthof Niehoff und lesen die Speisekarte. Was möchten Sie essen / trinken? Erzählen Sie.

Ich nehme ein … mit …
Ich trinke …
Als Nachtisch esse ich …

- ● Wir möchten gern bestellen.
- ■ Bitte, was bekommen Sie?
- ● Ich nehme eine Gemüsesuppe und einen Schweinebraten.
- ■ Und was möchten Sie trinken?
- ● Ein Glas Weißwein, bitte.
- ■ Und Sie? Was bekommen Sie?
- ▲ Ein Rindersteak, bitte. Aber keine Pommes frites, ich möchte lieber Bratkartoffeln. Geht das?
- ■ Ja, natürlich! Und was möchten Sie trinken?
- ▲ Einen Apfelsaft, bitte.

7. Hören Sie die Gespräche.

a) Was möchten die Leute essen? Was möchten sie trinken?

Hörtext 1	*Hörtext 2*	*Hörtext 3*
der Mann: ______	die Frau: ______	der Mann: ______
die Frau: ______	der Mann: ______	das Kind: ______
das Kind: ______		

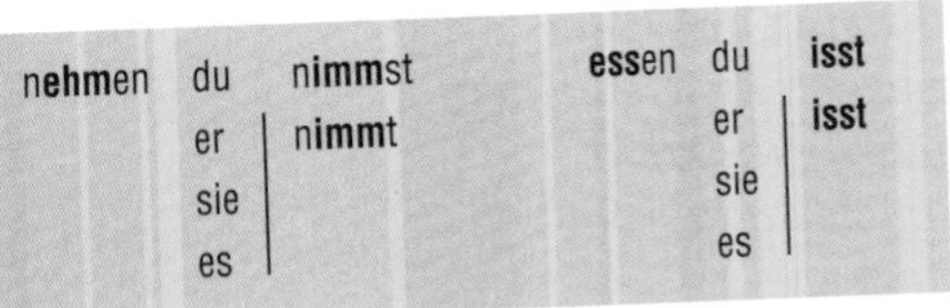

nehmen	du	nimmst	essen	du	isst
	er / sie / es	nimmt		er / sie / es	isst

b) Erzählen Sie.

Der Mann	nimmt	einen …
Die Frau	isst	eine …
Das Kind	trinkt	ein …

8. Üben Sie.

› § 23

● Bitte, was	bekommen / möchten	Sie?	■ Ich	möchte / nehme / esse	einen / eine / ein	…

● Und was möchten Sie trinken?	■ Einen / Eine / Ein	…

9. Spielen Sie ähnliche Dialoge im Kurs.

● Wir möchten bitte bezahlen.
■ Zusammen oder getrennt?
● Getrennt bitte.
■ Und was bezahlen Sie?
● Den Schweinebraten und den Wein.
■ Das macht 11 Euro 90.
● 13, bitte.
■ Vielen Dank!
▲ Und ich bezahle das Rindersteak und den Apfelsaft.
■ Das macht 14 Euro 20.
▲ 15 Euro. Stimmt so.
■ Danke schön!

Akkusativ
der → **den** Wein
die → **die** Cola
das → **das** Bier

10. Dialogarbeit.

a) Schreiben Sie zwei Dialoge wie oben.

A. Frau: Kotelett, Bier
Mann: Bratwurst, Cola

B. Frau: Apfelkuchen, Kaffee
Mann: Fischplatte, Weißwein

b) Hören Sie jetzt die Dialoge und vergleichen Sie.

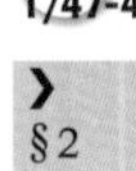
› § 2

11. Üben Sie.

● Was bezahlen Sie?
■ Ich bezahle | den / die / das | …

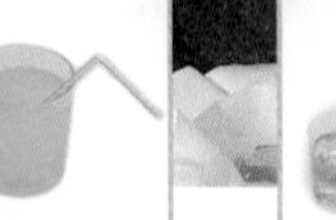

12. Spielen Sie ähnliche Dialoge im Kurs.

13. Hören Sie die Gespräche. Ergänzen Sie die Preise.

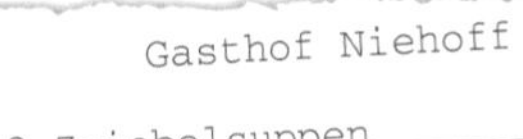

Gespräch 1

Gasthof Niehoff

1 Schinkenplatte ______
2 Hähnchen ______
2 Gemüsesuppen ______
5 Bier ______
3 Kaffee ______
2 Eis m. Sahne ______

______

______

Gespräch 2

Gasthof Niehoff

3 Bratfische ______
2 Rindersteaks ______
3 Obstkuchen ______
4 Cola ______
2 Kaffee ______
2 Apfelkuchen ______

______

______

Gespräch 3

Gasthof Niehoff

2 Zwiebelsuppen ______
1 Bratwurst ______
1 Schweinebraten ______
4 Rotwein ______
2 Tee ______
2 Obstkuchen ______

______

______

14. Schmeckt der Fisch?

a)

●	Schmeckt	der Fisch? …	
■	Danke, er Ja, …	ist schmeckt	fantastisch. sehr gut. gut.

› § 26 § 34

b)

●	Nehmen Sie Nimm	doch noch etwas Fisch! …
■	Danke, gern.	
	Nein danke, Danke,	ich habe genug. ich bin satt. ich möchte nicht mehr.

15. Kommst du zum Abendessen?

Lesen Sie zuerst die Fragen und hören Sie dann das Gespräch.

a) Was trinkt Inge?
b) Was trinkt Markus?
c) Was essen sie als Vorspeise?
d) Was essen sie als Hauptgericht?
e) Was ist die Nachspeise?

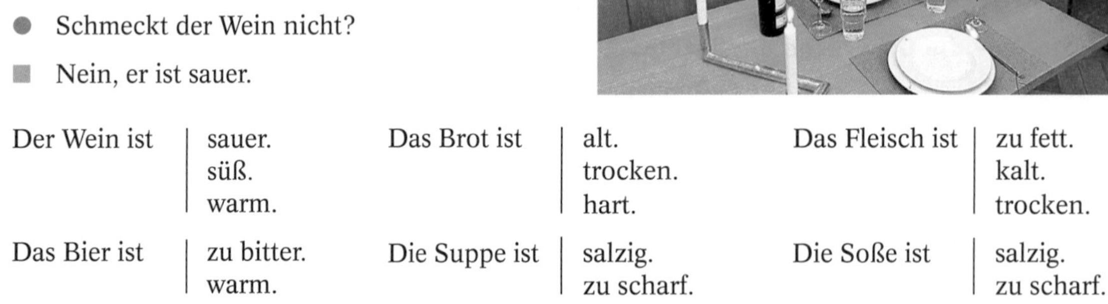

Hallo Inge,
kommst du
zum Abendessen
(Samstag,
20.00 Uhr)?
Ich koche selbst!
Dein Markus!

16. Üben Sie.

● Schmeckt der Wein nicht?

■ Nein, er ist sauer.

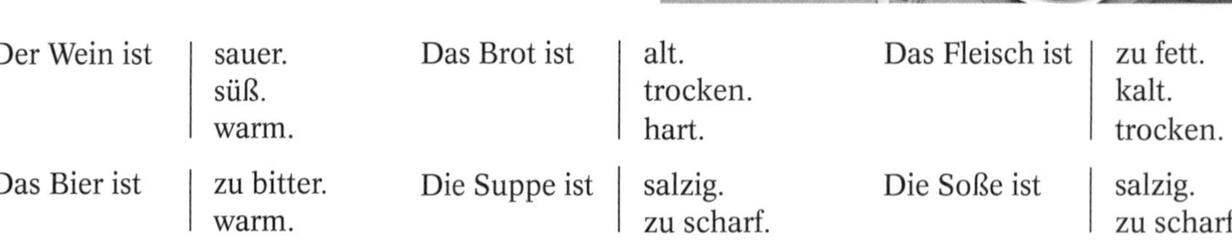

Der Wein ist	sauer. süß. warm.	Das Brot ist	alt. trocken. hart.	Das Fleisch ist	zu fett. kalt. trocken.
Das Bier ist	zu bitter. warm.	Die Suppe ist	salzig. zu scharf.	Die Soße ist	salzig. zu scharf.
Die Limo ist	warm. zu süß.	Der Salat ist	zu salzig. nicht frisch.		

Harms Lebensmittelfachmarkt

Artikel	Menge	Preis
Bier Jever Pils	24 Flaschen à 0,33 Ltr.	7,98
Emsland Mineralwasser	12 Flaschen à 0,7 Ltr.	2,48
Coca Cola, Fanta, Sprite	1-Ltr.-Flasche	0,59
Orangensaft, Apfelsaft	1-Ltr.-Flasche	0,68
Badischer Weißwein QbA	1-Ltr.-Flasche	2,98
Deutscher Sekt	0,7-Ltr.-Flasche	3,99
IDEAL Kaffee	500-g-Packung	4,85
BUNTING Tee	250-g-Packung	2,23
Brötchen	5 Stück	0,50
Vollkornbrot	500 g	0,79
Käse aus Holland Edamer	100 g	0,59
Gouda	100 g	0,79
Joghurt mit Früchten	200 g	0,49
Eier	10 Stück	1,21
Milch	1 Ltr.	0,78
Marmelade Erdbeer, Kirschen, Himbeer, Brombeer	450-g-Glas	1,19
Butter	250 g	1,12
Kartoffeln	5 kg	3,90
Salatgurke	Stück	0,89
Paprika	500 g	1,99
Tomaten	500 g	1,22
Salat-Öl	0,5-Ltr.-Flasche	1,96
Zucker	1000-g-Packung	0,99
Gewürze Paprika	100 g	1,13
Pfeffer	100 g	1,13
Mehl	1-kg-Packung	0,73
Wurst Salami	100 g	1,49
Schinken	100 g	1,79
Aufschnitt	100 g	0,85
Kotelett	1 kg	4,88
Rindersteak	1 kg	10,25
Eis (Nuss, Schokolade)	500 g	0,99
Äpfel	1 kg	1,11
SCHWAN Vollwaschmittel	3 kg	3,98
SUN Spülmittel	0,75-Ltr.-Flasche	1,69

... hier kaufe ich gern – ganz nah, ganz billig

17. Lesen Sie die Anzeige.

Hören Sie dann den Text. Notieren Sie die Sonderangebote.

18. Üben Sie.

› §8

● Was	kostet kosten	eine Flasche eine Kiste eine Packung ein Pfund ein Kilo … Gramm ein Liter	Apfelsaft? …	■ Achtundsechzig Cent. Zwei Euro achtundvierzig. …

19. Schreiben Sie einen Einkaufszettel.

Erzählen Sie dann. Was brauchen Sie?
Was kaufen Sie?

a) Sie möchten ein Frühstück für fünf Personen machen.
b) Sie möchten ein Mittagessen für vier Personen kochen.
c) Sie möchten abends mit Freunden Ihren Geburtstag feiern.
d) Sie möchten Geschirr spülen und Wäsche waschen.
e) Sie möchten einen Kuchen backen.
f) Sie möchten einen Salat machen.

Ich kaufe 500 Gramm Butter,
zehn Brötchen,
ein Glas Marmelade …

Bierlexikon

Was glauben Sie, was trinken die Deutschen gern? – Am liebsten Kaffee! Im Durchschnitt trinkt jeder Deutsche 190 Liter Kaffee pro Jahr. Sehr beliebt sind auch Erfrischungsgetränke (Limonaden) und Mineralwasser (ca. 160 Liter). Und dann natürlich das Bier: 150 Liter trinken die Deutschen im Durchschnitt pro Person und Jahr.

In Deutschland gibt es viele Biersorten, und sie schmecken alle verschieden. Die meisten Biertrinker haben ihre Lieblingssorte und ihre Lieblingsmarke. Kennen Sie die wichtigen Biersorten und ihre Unterschiede? Nein? Dann lesen Sie unser Bierlexikon.

Altbier
ist dunkel und schmeckt etwas bitter. Man trinkt es vor allem in Düsseldorf.

Berliner Weiße
mischt man oft mit Himbeer- oder Waldmeistersaft. Sie ist dann rot oder grün. Berliner Weiße ist ein Leichtbier und schmeckt süß.

Das **Bockbier**
ist ein Starkbier mit 5,6% Alkohol. Normal sind 4,7%. Viele Bockbierarten schmecken leicht süß.

Export
ist hell und schmeckt sehr mild. Diese Biersorte gibt es in ganz Deutschland.

Kölsch
kommt aus dem Köln-Bonner Raum, und man trinkt es auch nur dort. Es ist hell und leicht (nur 3,7% Alkohol). Kölsch-Gläser erkennt man sofort. Sie sind hoch und schlank.

Münchener
ist vor allem in Bayern beliebt. Es schmeckt ähnlich wie Export, aber es ist nicht so herb und nicht so stark. In Bayern trinkt man das Münchener aus 1-Liter-, aber auch aus 1/2-Liter-Gläsern.

Pils
ist eine Biersorte aus der Tschechischen Republik, aber die Deutschen mögen sie besonders gern. Man bekommt es überall. Typische Pilsgläser haben einen Bauch und sind oben eng.

Weizenbier, auch Weißbier,
kommt vorwiegend aus Bayern, doch es hat auch in Nord-, West- und Ostdeutschland viele Freunde. Weizenbiergläser sind sehr groß. Sie sind unten eng und haben oben einen Bauch.

20. Bier-Lexikon (Seite 42): Welche Bilder passen zu welchen Biersorten?

Bild A: ____ Bild C: ____ Bild E: ____ Bild G: ____

Bild B: ____ Bild D: ____ Bild F: ____ Bild H: ____

21. Beschreiben Sie die drei Fotos.

Wo ist das? Wer sind die Personen?

A

22. Hören Sie jetzt die Gespräche auf CD oder Kassette.

a) Welches Gespräch und welches Foto passt zusammen?

Gespräch 1: Foto

Gespräch 2: Foto

Gespräch 3: Foto

b) Hören Sie die Gespräche noch einmal.

Was verstehen Sie? Welche Wörter? Welche Sätze?

B

Notieren Sie.

Gespräch 1:

Essen, fantastisch noch Fleisch

Gespräch 2:

Gespräch 3:

C

c) Spielen Sie jetzt die Situationen.

Ein schwieriger Gast

1/57

● Haben Sie Käse?
■ Ja.
● Dann bitte ein Glas Käse.
■ Ein Glas Käse?
● Ja.
■ Sie meinen: ein Stück Käse?
● Nein, ich meine ein Glas Käse.
■ Entschuldigung, ein Glas Käse haben wir nicht.
● Was haben Sie denn?
■ Kartoffelsalat, Würstchen, Kotelett, Schinken …
● Gut, dann bitte ein Stück Kartoffelsalat.
■ Ein Stück Kartoffelsalat?
● Ja.
■ Sie meinen: einen Teller Kartoffelsalat?
● Nein, ich meine ein Stück Kartoffelsalat.
■ Tut mir leid, ein Stück Kartoffelsalat haben wir nicht.
● Dann nicht. – Haben Sie was zu trinken?
■ Bier, Limonade, Wein, Sekt …
● Gut. Dann bitte einen Teller Bier.
■ Einen Teller Bier?
● Ja.
■ Sie meinen: ein Glas Bier?
● Nein, ich meine einen Teller Bier.
■ Verzeihung, einen Teller Bier haben wir nicht.
● Was haben Sie denn überhaupt?
■ Nun, wir haben zum Beispiel Käse, Omelett …
● Gut, dann bitte ein Glas Käse …
■ …

LEKTION 4

FREIZEIT

Willkommen an Bord!
1
2
3
4
5
6
7
8
9
10
11

1. Wo ist was?

Deck 3, 5: ein Schwimmbad, eine Bar

Deck 6: ein Café, eine Bibliothek, ein Friseur, ein Geschäft

Deck 7: eine Bank

Deck 8: eine Küche

Deck 10: ein Krankenhaus, ein Kino

Deck 11: die Maschine

2. Wo kann man …?

Auf Deck … kann man | einen Film sehen.
Musik hören.
Tischtennis spielen.
Geld tauschen.
ein Bier trinken.
einen Spaziergang machen.
schwimmen.
essen.
tanzen.

3. Was machen die Passagiere?

Auf Deck … | liest jemand ein Buch.
macht jemand ein Foto.
nehmen Leute ein Sonnenbad.
schläft jemand.
flirtet jemand.
frühstückt jemand.
steht jemand auf.
sieht jemand fern.

4. Wo arbeitet jemand?

Auf Deck … | bedient ein Kellner einen Gast.
schneidet ein Koch Fleisch.
spielt ein Pianist Klavier.
kontrolliert ein Mechaniker die Maschine.
backt ein Bäcker eine Torte.
massiert ein Masseur jemanden.
frisiert eine Friseurin jemanden.

5. Was kann man hier machen? Was muss man? Was darf man nicht?

> §25
§35, 36

Hier kann man Bücher lesen.
Hier muss man leise sprechen.
Hier darf man nicht rauchen.

Hier kann man …

Hier kann man …
Hier muss man …

Hier kann man …
Hier darf man …

Hier kann man …

Hier kann man heute nicht …
Hier kann man heute kein …

Hier kann man …
Hier darf man nicht …

Hier darf man nicht …
Hier möchte jemand …

Hier muss man …

Hier darf man nicht …

eintreten · Geld ausgeben · keine Getränke mitbringen · Musik hören · duschen · schlafen · stören · fernsehen · warten · einkaufen · einen Film sehen · tanzen · ein Bier trinken · schwimmen · rauchen

6. Zeichnen Sie Schilder: Was darf man hier nicht? Was muss man / was kann man hier machen?

7. Erkennen Sie die Situation? Hören Sie gut zu!

› § 14

Jemand schwimmt. Nr. ___
Jemand möchte schlafen. Nr. ___
Jemand macht ein Foto. Nr. ___
Jemand steht auf. Nr. ___
Jemand macht eine Flasche Wein auf. Nr. ___
Jemand sieht fern. Nr. ___
Jemand kauft ein. Nr. ___

8. Dialog

a) Ordnen Sie die Sätze und spielen Sie den Dialog.
b) Hören Sie die CD oder Kassette und vergleichen Sie.

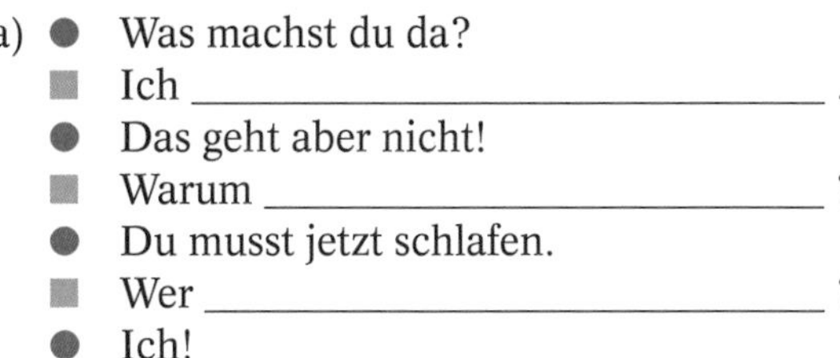
Na gut, dann höre ich eben auf.
Warum nicht?
Hier dürfen Sie aber nicht rauchen!
Ich rauche eine Zigarette.
Das ist verboten.
Was machen Sie denn da?

9. Hören Sie die Dialoge a) und b) auf CD oder Kassette und ergänzen Sie.

a)
- ● Was machst du da?
- ■ Ich ______________________.
- ● Das geht aber nicht!
- ■ Warum ______________________?
- ● Du musst jetzt schlafen.
- ■ Wer ______________________?
- ● Ich!

b)
- ● Hallo, ihr, was ______________________?
- ■ Wir ______________________.
- ● Hier dürft ihr ______________________.
- ■ Warum ______________________?
- ● Das ist ______________________.
- ■ Na gut, dann ______________________.

10. Hören Sie die Dialoge c) und d). Spielen Sie die Situationen nach.

11. Spielen Sie weitere Dialoge.

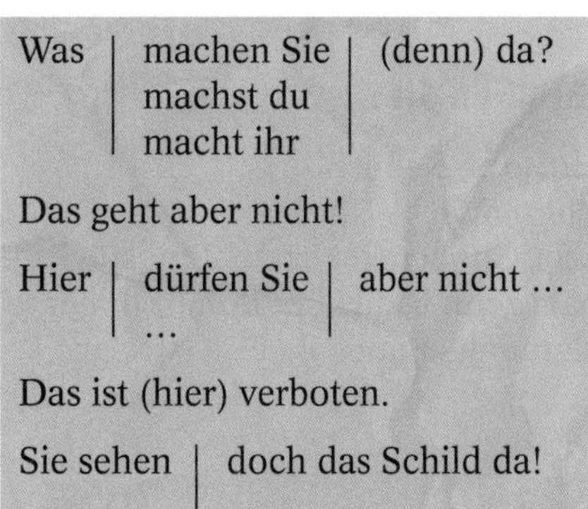
Was | machen Sie / machst du / macht ihr | (denn) da?

Das geht aber nicht!

Hier | dürfen Sie / … | aber nicht …

Das ist (hier) verboten.

Sie sehen / … | doch das Schild da!

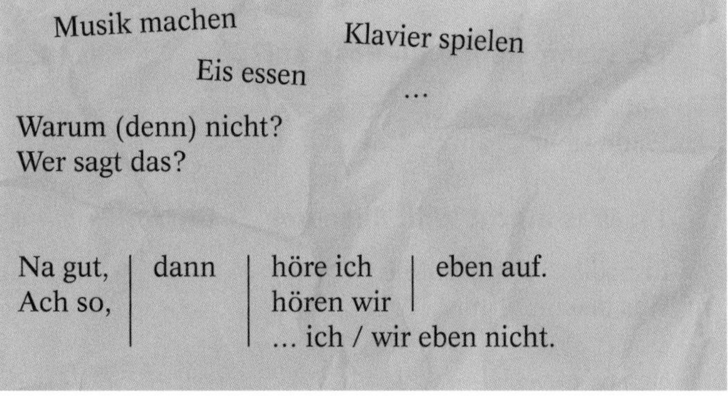
Musik machen
Klavier spielen
Eis essen
…

Warum (denn) nicht?
Wer sagt das?

Na gut, / Ach so, | dann | höre ich / hören wir / … ich / wir eben nicht. | eben auf.

Freizeit … und Arbeit

sechs Uhr

acht Uhr

halb zehn

elf Uhr

Ilona Zöllner, Bankkauffrau

schläft

steht auf

frühstückt

kauft ein

Dr. Klaus Schwarz, Lehrer

träumt

macht einen Spaziergang

liest Zeitung

schwimmt

Willi Rose, Kellner

steht auf

bereitet das Frühstück vor

bedient Ilona

räumt auf

Monika Hilger, Krankenschwester

steht auf

macht Betten

misst Fieber

bringt Essen

› § 19 § 27, 36

12. Wann steht Willi Rose auf?

Um … Uhr.
Wann steht … auf? – Um …

› § 23

13. Was macht Willi Rose um … Uhr?

Er bedient Ilona Zöllner.
Was macht … um …?

14. Beschreiben Sie:

a) Willi Rose ist Kellner.
Er steht um sechs Uhr auf.
Um acht Uhr bereitet er das Frühstück vor.
Um halb zehn bedient er Ilona Zöllner.
Um elf räumt er auf.
Um …

ein Uhr	**drei Uhr**	**halb sieben**	**zehn Uhr**

isst zu Mittag	nimmt ein Sonnenbad	zieht ein Kleid an	tanzt

bestellt das Mittagessen	macht Fotos	isst zu Abend	sieht fern

schreibt eine Bestellung auf	trinkt einen Kaffee	holt Essen	trifft Freunde

macht Pause	macht einen Verband	sieht einen Film	möchte schlafen

b) Monika Hilger ist Krankenschwester.
Sie steht um sechs Uhr auf.
Um … Uhr macht sie Betten.
Um …

c) Um sechs Uhr schläft Ilona Zöllner noch.
Da steht der Kellner auf.
Um acht Uhr steht Ilona auf.
Da macht die Krankenschwester Betten.

› § 41

15. Was meinen Sie?

Was kann	Willi Rose Monika Hilger Ilona Zöllner Klaus Schwarz	zwischen drei Uhr und halb sieben machen?	Er Sie	kann	einen Spaziergang machen. schlafen. fernsehen. …

Veranstaltungskalender
MS Astor
Mittwoch, der 10. Juli
Was ist heute los?
7.45 Uhr Morgengymnastik mit Carla
10.00 Uhr Vortrag: „Der Mensch und das Meer“
11.00 Uhr Fotokurs
14.15 Uhr Volleyball (Mannschaft gegen Passagiere)
15.45 Uhr Tanz-Café
16.15 Uhr Tennisspiel Astor-Cup Finale
17.00 Uhr und
19.30 Uhr: Film „12 Uhr mittags“ (mit Gary Cooper und Grace Kelly)
20.00 Uhr Captain's Dinner
Das große Gala-Dinner – Der Kapitän lädt ein
21.15 Uhr Piano-Konzert: Ragtime, Boogie & Blues
(Klavier: Willy „the Hammer“ Schulte)
21.30 Uhr Tanz mit „Theos Tanzorchester“
ab 23.00 Uhr Diskothek mit Charly
Bar: bis 1.00 Uhr geöffnet
Boutique „Elvira“: von 9.00 Uhr bis 17.00 Uhr geöffnet
Bibliothek: heute geschlossen
Achtung! Nicht vergessen: Morgen um 10.00 Uhr findet der Landausflug nach Kreta statt!

16. Wann ...? Wie lange ...?

› § 19

Wann | fängt ... an? / findet ... statt?

die Gymnastik
der Fotokurs
das Tennisspiel
...

– Um 7 Uhr 45.
– Um 11 Uhr.
– Um 16 Uhr 15.
– Um ...

Wie lange ist | die Bar / die Boutique | geöffnet? – Bis ...

17. Was kann man um ... Uhr machen?

Was kann man um 7 Uhr 45 machen? – Um 7 Uhr 45 kann man ...

18. Wie spät ist es?

Lesen Sie erst die Uhrzeit. Hören Sie dann die Kassette.
Es ist …

 zehn vor sieben
Situation Nr.: ▒

 Viertel vor zehn
Situation Nr.: ▒

 drei Uhr
Situation Nr.: ▒

 zwanzig nach fünf
Situation Nr.: ▒

 Viertel nach sieben
Situation Nr.: ▒

 zwölf Uhr (Mitternacht)
Situation Nr.: ▒

 ein Uhr
Situation Nr.: ▒

 fünf nach halb drei
Situation Nr.: ▒

19. Spielen Sie die Dialoge.

● Sag mal, hast du heute Abend schon was vor?

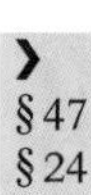

■ Ja, ich möchte das Konzert hören.
● Darf ich mitkommen?
■ Ja, gern.
● Wann fängt das denn an?
■ Um Viertel nach neun.
● Schön. Dann treffen wir uns um neun. In Ordnung?
■ Gut. Bis dann!

■ Nein, ich weiß noch nicht …
● Ich möchte gern tanzen gehen. Kommst du mit?
■ Tut mir leid, aber ich habe keine Lust.
● Schade.
■ Vielleicht das nächste Mal.
● Na gut – also dann tschüs.
■ Tschüs.

20. Partnerübung: Hören Sie zwei weitere Dialoge auf CD oder Kassette.

Spielen Sie die Situationen nach. Schreiben Sie dann selbst einen Dialog und spielen Sie ihn.

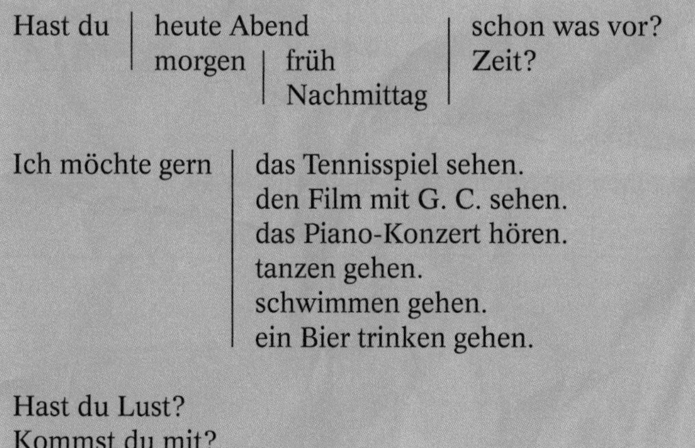
Hast du | heute Abend | schon was vor?
morgen | früh / Nachmittag | Zeit?

Ich möchte gern | das Tennisspiel sehen.
den Film mit G. C. sehen.
das Piano-Konzert hören.
tanzen gehen.
schwimmen gehen.
ein Bier trinken gehen.

Hast du Lust?
Kommst du mit?

Wann | fängt das denn an?
treffen wir uns?

Tut mir leid.
Ich habe | keine Zeit.
keine Lust.

Vielleicht | das nächste Mal.
morgen.

Ja, gern.
In Ordnung.

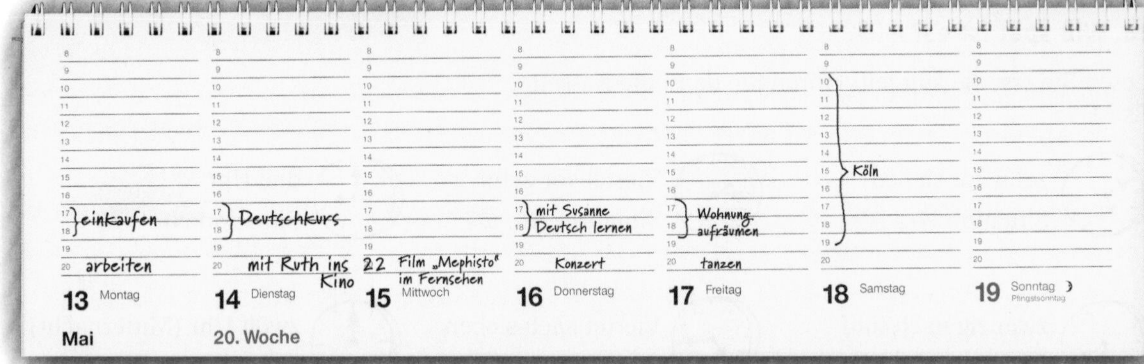

einkaufen
arbeiten
13 Montag
Deutschkurs
mit Ruth ins Kino
14 Dienstag
22 Film „Mephisto" im Fernsehen
15 Mittwoch
mit Susanne Deutsch lernen
Konzert
16 Donnerstag
Wohnung aufräumen
tanzen
17 Freitag
Köln
18 Samstag
19 Sonntag
Mai
20. Woche

21. Sibylles Terminkalender.

Montagnachmittag muss Sibylle einkaufen gehen. Montagabend muss sie arbeiten.
Dienstagnachmittag muss sie … Dienstagabend möchte sie …
Mittwoch …

22. Üben Sie.

Ein Freund möchte mit Sibylle schwimmen gehen.

Er fragt:	„Kannst du Montagnachmittag?“	Sie antwortet:	„Tut mir leid; da kann ich nicht. Da muss ich einkaufen gehen. “
	„Kannst du Montagabend?“		„Leider nicht; da muss ich …“
	„Kannst du …?“		„Tut mir leid; da …“
	…		…

23. Manfred hat nie Zeit

Juli

Mo 25	Kino 20.30 (Beate)
Di 26	17.30 Hans Tischtennis
Mi 27	Claudia ! ! !
Do 28	Claudia und Hans Schwimmen
Fr 29	frei !
Sa 30	Rockkonzert
So 31	Beate!

a) Hören Sie den Dialog.
b) Hören Sie den Dialog noch einmal und sehen Sie Manfreds Terminkalender an.

	Was *sagt* Manfred?	Was *macht* Manfred?
Montag	Ich gehe ins Kino.	Er geht ins Kino.
Dienstag	…	…
Mittwoch		
Donnerstag		
Freitag		
Samstag		

24. Lesen Sie die Ansichtskarte.

25. Schreiben Sie eine Ansichtskarte.

…, 10. 7. 20…

Liebe(r) …,

die Zeit hier … ist …
Ich stehe …
Dann … Hier kann man …
Nachmittags … Abends …
Morgen …

Herzliche Grüße
Dein(e) …

Madrid
"La Gran Via"

Benidorm, 10. 7.

Liebe Ulla,

die Zeit hier in Spanien ist herrlich!
Ich stehe immer gegen neun Uhr auf und
frühstücke in Ruhe. Dann gehe ich schwimmen, Tennis spielen oder einkaufen. Hier
kann man viel Geld ausgeben! Die Restau-
rants sind auch sehr gut. Nachmittags gehe
ich meistens surfen. Dann treffe ich fast
immer Jörg (ein Student aus Hamburg; sehr
nett, und er surft sehr gut …). Abends gehen
wir meistens zusammen tanzen. Jetzt muss
ich aber aufhören. Morgen mache ich mit Jörg
einen Ausflug nach Granada.

Herzliche Grüße
Deine Kerstin

Ulla Hagen
Bachstraße 7a
D-85298 Scheyern

Foto: Xavier Durá
L. DOMINGUEZ, S.A.- Tel. 91 447 82 75 - MADRID

26. Und Sie? Was machen Sie gern in Ihrer Freizeit?

a) Partnerübung.

Lesen Sie gern?

b) Erzählen Sie im Kurs:

Frau Sprenger liest gern, aber sie sieht nicht so gern fern.

	gern	nicht so gern	nie
lesen			
fernsehen			
spazieren gehen			
Rad fahren			
Ski fahren			
schwimmen			
Tennis spielen			

	gern	nicht so gern	nie
fotografieren			
tanzen			
Freunde treffen			
Filme sehen			
Musik hören			
feiern			

› § 39

1/67

Feierabend

- ● Und was machen wir heute Abend?
- ■ Hm. – Hast du eine Idee?
- ● Ich schlage vor, wir gehen mal ins Kino.
- ■ Kino. – Ich weiß nicht.
- ● Oder hast du keine Lust?
- ■ Ich schlage vor, wir gehen mal ins Theater.
- ● Theater. – Ich weiß nicht.
- ■ Oder hast du keine Lust?
- ● Ich schlage vor, wir gehen mal ins Kabarett.
- ■ Kabarett. – Ich weiß nicht.
- ● Oder hast du keine Lust?
- ■ Ich schlage vor, wir gehen mal ins Konzert.
- ● Konzert. – Ich weiß nicht.
- ■ Oder hast du keine Lust?
- ● Offen gesagt – nicht so sehr.
- ■ Ja dann.
- ● Ach, weißt du was: Wir bleiben heute mal zu Hause.
- ■ Wie immer!
- ● Und sehen fern.
  Das kostet wenigstens nichts.

1/68

Wir Macher

ich mache Sport
du machst Yoga
er macht Politik
sie macht Theater
wir alle machen Fehler
ihr alle macht Dummheiten
sie alle machen Quatsch

WOHNEN

1 das Arbeitszimmer ◆ 2 das Schlafzimmer ◆ 3 das Kinderzimmer ◆ 4 der Balkon ◆ 5 die Küche ◆ 6 das Bad ◆ 7 das Treppenhaus ◆ 8 das Wohnzimmer ◆ 9 der Flur ◆ 10 die Terrasse ◆ 11 der Hobbyraum ◆ 12 der Keller

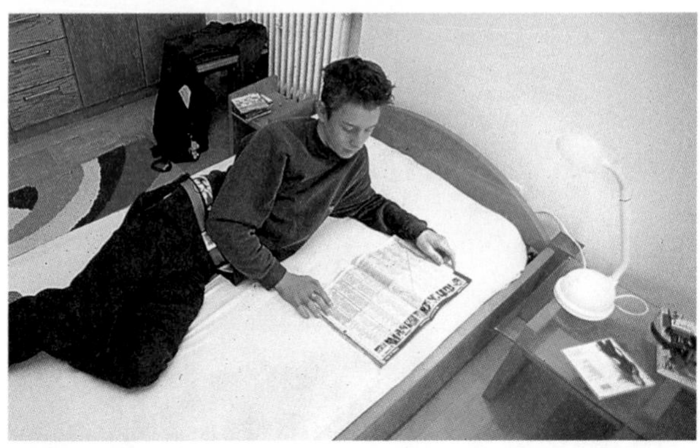

Das ist Michael Wächter (22) Er ist Bankkaufmann von Beruf. Jetzt wohnt er noch bei seinen Eltern. Aber in zwei Wochen zieht er um. Dann hat er selbst eine Wohnung. Die Wohnung hat ein Wohnzimmer, ein Schlafzimmer, ein Bad, eine Küche und einen Flur. Das Schlafzimmer und die Küche sind ziemlich klein. Das Bad ist alt und hat kein Fenster. Aber das Wohnzimmer ist sehr schön und hell. Es hat sogar einen Balkon. Michael Wächter ist zufrieden.

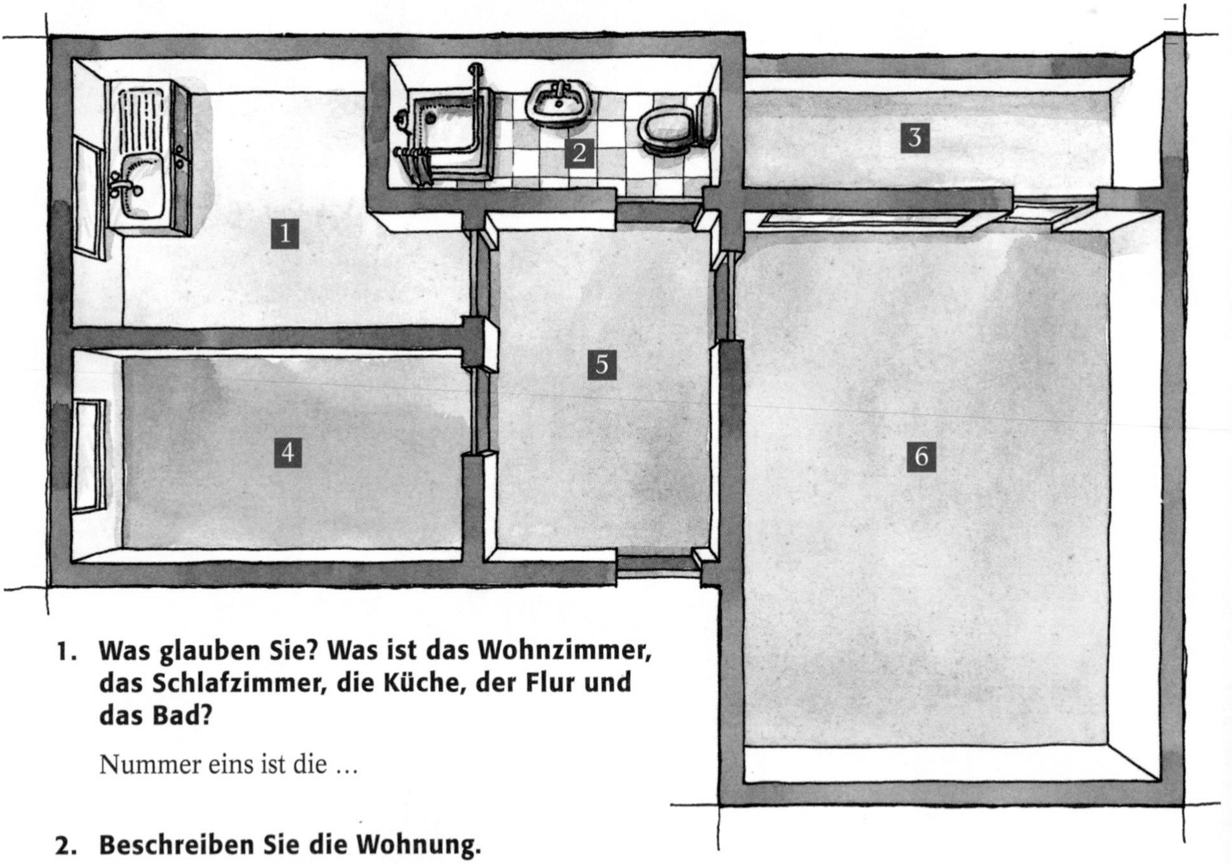

1 2 3 4 5 6

1. Was glauben Sie? Was ist das Wohnzimmer, das Schlafzimmer, die Küche, der Flur und das Bad?

Nummer eins ist die …

2. Beschreiben Sie die Wohnung.

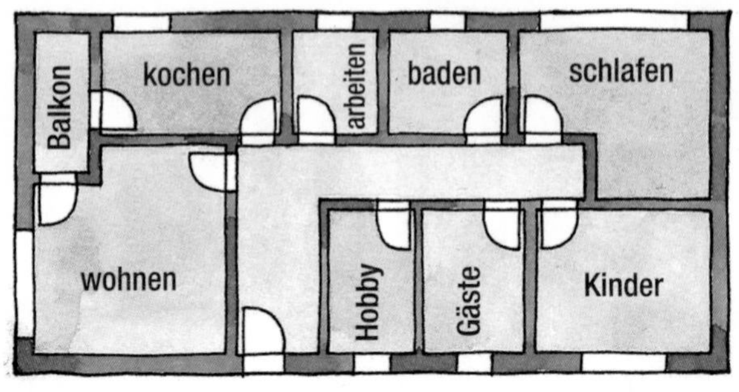

Die Wohnung hat	einen	Hobbyraum. …
	eine	…
	ein	Gästezimmer. Arbeitszimmer. …

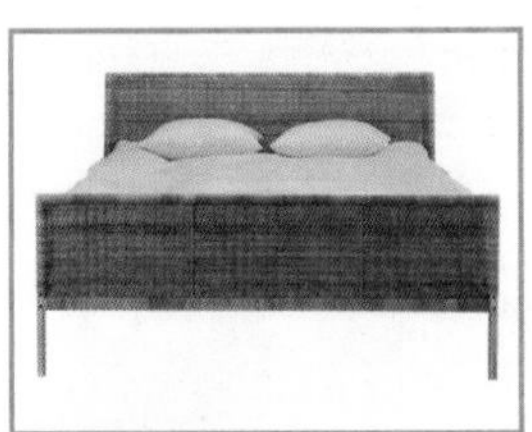

der Kleiderschrank

die Kommode

die Couch

der Sessel

die Garderobe

der Spiegel

der Esstisch

der Vorhang

das Bücherregal

der Teppich

der Schreibtisch

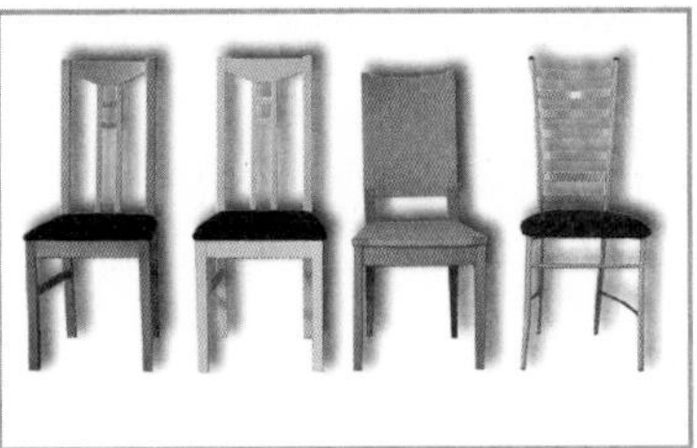

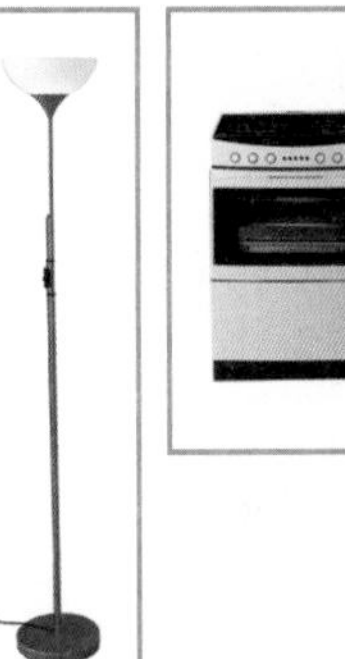

3. Was ist für das Wohnzimmer, das Schlafzimmer, die Küche, den Flur? Was meinen Sie?

für + Akkusativ

Der Die Das	…	ist sind	für	den Flur. die Küche. das …zimmer.

4. Hören Sie den Dialog.

1/69

Was braucht Michael Wächter noch? Was hat er schon?

› § 13

a)	Er braucht noch	einen eine ein	Elektroherd. …	Er hat noch	keinen. keine. keins.
	Er braucht noch		Stühle. …	Er hat noch	keine.
b)	Er braucht	keinen keine kein	…	Er hat schon	einen. eine. eins.
	Er braucht	keine	Regale. …	Er hat schon	welche.

5. Hören Sie und lesen Sie.

- ● Schau mal, hier sind Esstische. Wie findest du den hier?
- ■ Meinst du den da?
- ● Ja.
- ■ Den finde ich nicht schön. Der ist zu groß.
- ● Und die Kommode hier? Wie findest du die?
- ■ Die sieht gut aus. Was kostet die denn?
- ● 195 Euro.

	Definitartikel =	Definitpronomen
Wie findest du	den Kleiderschrank?	**Der** ist zu groß. **Den** finde ich hässlich.
	die Kommode?	**Die** ist schön. **Die** finde ich praktisch.
	das Regal?	**Das** ist zu klein. **Das** finde ich unpraktisch.
	die Stühle?	**Die** sind bequem. **Die** finde ich unbequem.

6. Üben Sie.

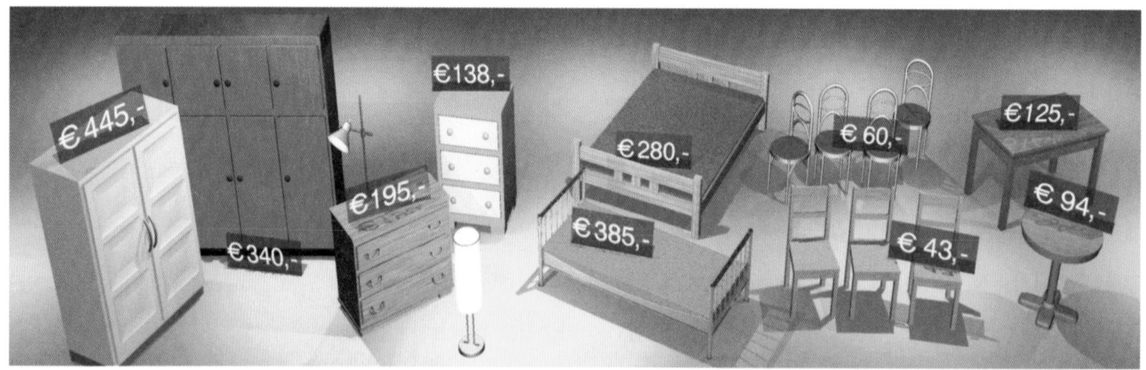

›
§ 12
§ 20

- ● Wie findest du den Schrank?
- ■ Meinst du den für 445 Euro?
- ● Nein, den für 340 Euro.
- ■ Der ist zu groß.

Der	ist	zu …
Die		…
Das		
Die sind		

Den	finde ich	…
Die		zu …
Das	mag ich.	
Die	mag ich nicht.	

hässlich teuer bequem schön klein groß unbequem

7. Hören Sie die Dialoge.

1/71-72

Ordnen Sie dann die Sätze und schreiben Sie die Dialoge.

- ● Die finde ich zu modern, die mag ich nicht.
- ● Nein, ich habe noch keine.
- ■ Und die hier? Magst du die?
- ● Meinst du die für 62 Euro?
- ■ 48 Euro.
- ● Nein, die da.
- ■ Die ist schön. Was kostet die denn?
- ● Schau mal! Hier sind Lampen. Hast du schon welche?
- ■ Wie findest du denn die dort?

- ● Der sieht nicht schlecht aus. Wie teuer ist der denn?
- ■ Und wie findest du den da?
- ● Nein, ich habe noch keine.
- ■ Findest du den gut?
- ■ Guck mal, hier gibt es Vorhänge. Hast du schon welche?
- ● Nein, der ist doch hässlich.
- ■ 98 Euro.

8. Spielen Sie ähnliche Dialoge im Kurs.

●		
Schau mal! Guck mal!	Hier sind Hier gibt es	Lampen / Vorhänge / Gläser / …

Hast du schon welche?

■ Nein, ich habe noch keine.

●			
Wie findest Magst	du	den die das die	da? dort? hier?

■			
Der Die Das Die sind	ist	sehr …	…

schön		hässlich
teuer	gut	billig
klein	groß	…

●		
Meinst du	den die das	da? hier? dort? für … Euro?

■ Ja.

Nein,	den die das	da. dort. hier.

●		
Findest du	den die das	schön? gut? …

■				
Ja,	der die das	sieht	gut …	aus.

Nein,	den die das	mag ich nicht.

9. Hören Sie das Gespräch.

1/73

Was sagt Michael Wächter? Welche Sätze hören Sie?

a) ■ Meine Mutter mag Kinder gern.
   ■ Für meine Mutter bin ich noch ein Kind.

b) ■ Zu Hause darf ich keine Musik hören.
   ■ Ich darf zu Hause keinen Alkohol trinken.

c) ■ Jetzt bin ich sehr glücklich.
   ■ Jetzt bin ich ganz frei.

d) ■ Ich möchte jetzt mein Leben leben.
   ■ Ich möchte nicht mehr zu Hause leben.

Wohnungsmarkt

Häuser

Ffm-Eschersheim (1)
Reihenhaus, 4 Zi., Küche, Bad, Gäste-WC, Hobbyraum, Sauna im Keller, Garten, Garage, 126 m², ab 1. 3. frei. Miete € 1200,– + Nk. u. Kt. Main-Immobilien 069 / 14 38 66

Ffm-Praunheim (5)
ruhig wohnen und doch in der Stadt, 1-Fam.-Haus, 5 Zimmer, Küche, 2 Bäder, Fußbodenheizung, Garten, Garage Miete € 1300,– + NK. u. Kt. Konzept-Immobilien 069 / 81 25 77

Traumhaus in Bergen-Enkheim (8)
6 Zi., Wohnküche, Bad/WC, Dusche/WC, Sauna, Keller, Hobbyraum, ab sofort, Miete € 1600,– + Nk. u. Kt., Mietvertrag 5 Jahre fest.
G & K – Immobilien 069 68 49 58

Bungalows

Bad Homburg (3)
Neubau, noch 66 Tage, dann können Sie einziehen, Luxus-Bungalow mit viel Komfort und 1500 m² Garten, 5 Zimmer, 234 m², 2 Bäder, Gäste-WC, Hobbyraum, zwei Garagen € 2425,– + Nk. u. Kt.
Rufen Sie an: Berg & Partner Immobilien 069 / 47 59 72

Wohnungen

4-Zi., Ffm.-Seckbach (2)
100 m² + Dachterrasse, 2 Bäder, ruhig, in 5-Familienhs., frei ab 1. 2., nur € 1000 + Nk. u. Kt. VDM GABLER-Immobilen Telefon 069 / 67 45 56

Maintal (15 km von Ffm-City) (6)
Kinder willkommen: 4 Zi., 105 m², gr. Wohn-/Esszimmer, Süd-Balkon, Garage, ab sofort frei, Miete € 700,– + Nk. u. Kt. ab Mo. 0681 / 67 85 12

Ffm-Nordend (7)
Neubau, 3½ Zi., Luxus-Kü., Bad, Balkon, Tiefgarage, ca. 89 m², Aufzug, 6. Stock, € 790 + Nk. u. Kt. Schmitt-Immobilien GmbH. Bergstr. 11, 069 / 45 23 12

Billig wohnen und Geld verdienen (9)
4-Zi.-Wohnung für Hausmeister frei. Ffm-West, Erdgeschoss, 97 m², Balkon, 2 Toiletten, ruhig, Garten; pro Woche 10 Stunden Hausmeisterarbeit. € 590,– + Nk. 069 / 19 76 45

Frankfurt (4)
4-Zimmerwohnung mit Küche, Bad/WC, Gäste-WC, 2 Balkone, 102 m² + Keller u. Tiefgarage, Hausmeister, Miete € 975,–
Jäger Immobilien 069 / 57 86 98

Ffm-Griesheim (10)
von privat 4-Zi.-Dachwohnung für Ehepaar ohne Kinder, Bad, Duschbad, ab 15. 2. € 520,– + NK. u. Kt. 069 / 37 49 82 (nach 18.00 Uhr)

10. Ergänzen Sie die Tabelle.

Nr.	Wo?	Wie viele Zimmer?	Was für Räume?	Garten?	Wie groß?	Wie teuer?
1	Frankfurt	4	Küche, Bad, Gäste-WC, Hobbyraum, Sauna, Keller, Garage	ja	126 m²	€ 1200,–
2						
…						

11. Beschreiben Sie die Wohnungen und Häuser (Nr. 1–10).

1 Das Haus liegt in Frankfurt-Eschersheim. Es hat 4 Zimmer, eine Küche, ein Bad, ein Gäste-WC, einen Hobbyraum, eine Sauna, einen Keller, einen Garten und eine Garage. Das Haus ist 126 Quadratmeter groß. Es kostet 1200 Euro Miete.
2 Die Wohnung ist in … Sie ist … groß und hat … und … Die Wohnung ist … Sie kostet …
3 Der Bungalow liegt … Er … Der Bungalow …
…

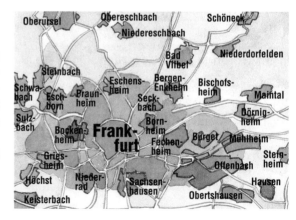

Familie Höpke, 2 Kinder (4 und 8 Jahre)
Familieneinkommen: 1900 € pro Monat
Herr Höpke ist Postbeamter.
Frau Höpke ist Hausfrau.

„Wir suchen eine Wohnung in Frankfurt. Wir haben eine in Steinheim, aber die hat nur drei Zimmer, ein Bad und eine Küche. Das ist zu wenig. Die Kinder möchten beide ein Zimmer haben. Die Wohnung ist nicht schlecht, und sie kostet nur 398 Euro. Aber ich arbeite in Frankfurt, und die Verkehrsverbindungen von Steinheim nach Frankfurt sind sehr schlecht. Morgens und nachmittags muss ich über eine Stunde fahren. Unter 750 Euro bekommt man in Frankfurt keine 4-Zimmer-Wohnung. Das können wir nicht bezahlen. Trotzdem – wir suchen weiter. Vielleicht haben wir ja Glück.“

Herr und Frau Wiegand (keine Kinder)
Frau Wiegand ist Arzthelferin.
Herr Wiegand ist Lehrer.
Familieneinkommen: 3400 Euro pro Monat

„Wir wohnen in Frankfurt, in Bockenheim. Unsere Wohnung ist nicht schlecht. Sie hat vier Zimmer, eine Küche, ein Bad und eine Gästetoilette. Sie liegt sehr günstig. Leider ist die Wohnung sehr laut und sie hat keinen Balkon. Wir bezahlen 865 Euro kalt. Ein Haus mit Garten ist unser Traum. Es gibt aber leider nur wenige Häuser. Und die sind fast immer sehr teuer und liegen auch meistens außerhalb. Mein Mann und ich, wir arbeiten beide in Frankfurt, und wir wollen hier auch wohnen. Eigentlich möchten wir gerne bauen, aber das geht nicht. In Frankfurt kann das niemand bezahlen.“

12. Wie finden die Familien ihre Wohnungen?

Notieren Sie Stichworte und erzählen Sie dann.

13. Suchen Sie eine Wohnung für Familie Höpke und für Familie Wiegand.

14. Hören Sie die Gespräche.

1/74-75

a) Welches Haus möchten Herr und Frau Wiegand anschauen? Nr.: ▢
b) Welche Wohnung möchte Familie Höpke anschauen? Nr.: ▢

15. Wie möchten Sie gerne wohnen? Wie sieht Ihr Traumhaus aus?

Mein Traumhaus ist …
Es hat …

Meine Traumwohnung ist …
Sie hat…

a

b

ÖKO für ALLE

c

d

e

f

g

h

i

j

MARTIN GUHL

Streit im Haus

Was darf man, was darf man nicht? Viele Leute wissen das nicht. Wir informieren Sie über wichtige Gerichtsurteile.

(1) Vögel darf man auf dem Fensterbrett füttern. Aber keine Tauben, die machen zu viel Dreck.

(2) An der Außenwand oder am Fenster dürfen Sie keine Politparolen aufhängen.

(3) Von 13 bis 15 Uhr und von 22 bis 7 Uhr dürfen Sie im Haus keinen Krach machen, und auch nicht draußen im Hof oder im Garten. Auch die Kinder müssen dann leise spielen.

(4) In der Wohnung darf man pro Tag 90 Minuten Musik machen. Aber man darf die Nachbarn nicht zu sehr stören.

(5) Ihr Partner oder Ihre Partnerin darf in Ihrer Wohnung oder in Ihrem Appartement wohnen. Man muss den Vermieter nicht fragen. Er kann es nicht verbieten.

(6) In einer Mietwohnung darf man ohne Erlaubnis kein Geschäft betreiben und keine Waren herstellen.

(7) Verbietet Ihr Mietvertrag Haustiere? Nein? Dann dürfen Sie welche in Ihrer Wohnung haben. Sonst müssen Sie den Vermieter fragen.

(8) Auf dem Balkon oder auf der Terrasse dürfen Sie grillen, aber Sie dürfen Ihre Nachbarn nicht stören.

(9) Ohne Erlaubnis dürfen Sie am Haus, auf dem Dach oder am Schornstein keine Antenne montieren. Sie müssen vorher Ihren Vermieter fragen.

(10) In Ihrer Mietwohnung, in Ihrem Haus oder in Ihrem Garten dürfen Sie auch mal nachts laut feiern. Aber bitte informieren Sie vorher Ihre Nachbarn.

16. Welche Bilder und welche Urteile passen zusammen?

Bild	Urteil	Bild	Urteil
a		f	
b		g	
c		h	
d		i	
e		j	

Wo → in / an / auf + Dativ

im	(in ihrem)	Garten	**am**	Schornstein	**auf dem**	Balkon
in der	(in ihrer)	Wohnung	**an der**	Außenwand	**auf der**	Terrasse
im	(in ihrem)	Haus	**am**	Fenster	**auf dem**	Fensterbrett

im = in dem **am** = an dem

17. Was dürfen Sie? Was dürfen Sie nicht? Was müssen Sie tun? Was müssen Sie nicht tun?

Im / In der	Wohnung	darf ich …	Ich muss …
In einem / In einer	Haus	darf ich nicht …	Ich muss nicht …
In meinem / In meiner	Appartement		
Am / An der	Balkon		
An einem / An einer	Garten		
An meinem	Hof		
Auf dem / Auf der	Dach		
Auf einem / Auf einer	Schornstein		
Auf meinem / Auf meiner	Terrasse		
…	Fenster		
	Außenwand		
	Hausflur		

› § 3 § 16a)

18. Interview. Haben Sie Ärger mit Nachbarn?

a) Was glauben Sie? Wer wohnt …

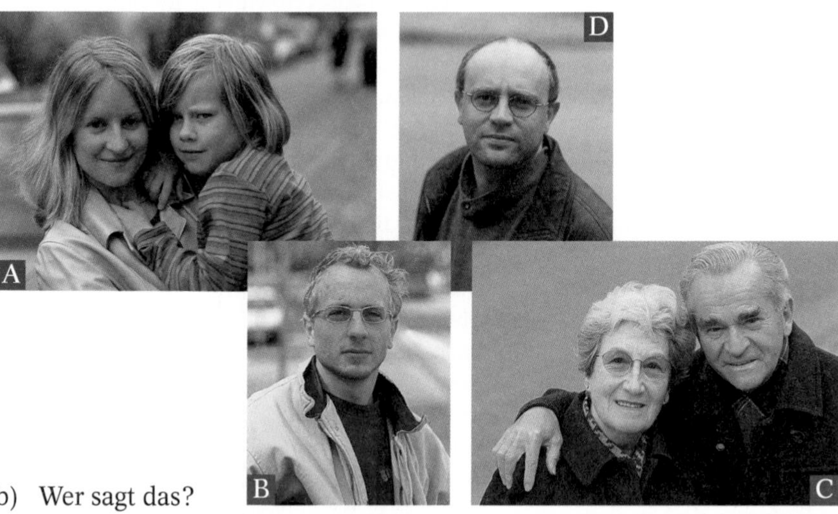

in einem Reihenhaus?

in einem Mietshaus?

in einem Hochhaus?

in einem Studentenheim?

b) Wer sagt das?

(1) ▢ Meine Nachbarn sind sehr nett.
(2) ▢ Wissen Sie, ich kenne meine Nachbarn gar nicht. Ärger gibt es nicht.
(3) ▢ Meine Kinder sind noch klein und natürlich machen sie auch Lärm. Da gibt es manchmal Ärger.
(4) ▢ Ja, manchmal gibt es Ärger, aber dann diskutieren wir das Problem. Am Ende ist immer alles okay.

c) Hören Sie jetzt die Interviews.

19. Liebe Helga!

a) Lesen Sie die Karte.

Solingen, 6. 8. 20..

Liebe Helga,
endlich habe ich Zeit für eine Karte. Wir sind sehr glücklich:
Seit 6 Wochen haben wir ein Haus! Endlich haben wir genug
Platz. Das Haus hat 5 Zimmer. Besonders die Kinder sind
sehr glücklich. Beide haben jetzt ein Zimmer und sie können
im Garten spielen. Auch wir sind zufrieden. Das Haus liegt
fantastisch, und es ist auch nicht zu teuer.
Komm doch bald mal nach Solingen.
Wir haben jetzt auch ein Gästezimmer.
Herzliche Grüße
Claudia und Richard

b) Svenja und Jürgen haben jetzt eine 4-Zimmer-Wohnung. Sie schreiben an ihren Freund Herbert Kroll in 14482 Potsdam, Hermann-Maaß-Straße 12. Die Wohnung ist hell, liegt sehr ruhig und hat einen Balkon. Svenja und Jürgen möchten Herbert einladen. Er kann im Arbeitszimmer schlafen.

Schreiben Sie die Karte an Herbert Kroll.

Strandhotel Hiddensee

Urlaub auf der Ostseeinsel Hiddensee ist ein Erlebnis. Es gibt keine Industrie und Autos dürfen auf der Insel nicht fahren, denn Hiddensee ist ein Naturschutzgebiet. Die Strände sind sauber, die Wiesen und Wälder sind noch nicht zerstört. Hier finden Sie Ruhe und Erholung. Ein Erlebnis ist auch unser Strandhotel Hiddensee. Es liegt direkt am Strand und bietet viel Komfort. Alle Zimmer haben Bad und WC und einen Balkon. Es gibt ein Hallenbad mit Sauna, einen Privatstrand, eine Terrasse, eine Bar, ein Café, ein Restaurant, eine Diskothek, einen Leseraum, ein Fernsehzimmer ...

Urlaub in unserem Strandhotel ist ein Erlebnis.

20. Wo kann man im Strandhotel ...?

Wo finden Sie was?

		Anbau:
2. Stock:	Gästezimmer/Fernsehzimmer	Sauna
1. Stock:	Frühstückszimmer/Leseraum/Gästezimmer	Kiosk
Erdgeschoss	Rezeption/Restaurant/Terrasse/Café/Telefonzelle	Reisebüro
Keller:	Bar/Diskothek	Hallenbad

● Wo kann man | fernsehen? ...

■ Im / In der / Am / An der / Auf der | Fernsehzimmer / Kiosk, Rezeption / Terrasse / ...

frühstücken · Leute treffen · telefonieren · ein Bier trinken · einen Ausflug buchen · in der Sonne liegen · Mittag essen · flirten · ein Zimmer buchen · Zigaretten kaufen · einen Mietwagen leihen · Kaffee trinken · eine Zeitung lesen · einen Wein trinken · tanzen · fernsehen · Touristeninformationen bekommen · eine Zeitung kaufen

LEKTION 5 | 5

Wohnen – alternativ

Herr Peißenberg (●) zeigt seinen Gästen (■ und ▲) die neue Wohnung.

● Hier ist die Küche, da schlafen wir.
■ Ach, Sie schlafen in der Küche?
▲ Wie interessant!
● Ja, wir schlafen immer in der Küche.
■ Und wo kochen Sie?
● Kochen? Wir kochen natürlich im Schlafzimmer.
▲ Was? – Sie kochen wirklich im Schlafzimmer?
● Ja, natürlich.
■ Sehr interessant!

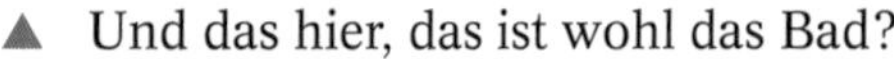

▲ Und das hier, das ist wohl das Bad?
● Ja, da wohnen wir.
■ Wie bitte? – Sie wohnen im Bad?
● Ja. Wir finden das sehr gemütlich.
■ Gemütlich, na ja. Ich weiß nicht.
▲ Aber es ist sehr originell.

● Und hier das Wohnzimmer, da baden wir!
■ Was? Sie baden wirklich im Wohnzimmer?
● Ja, das ist so schön groß. Wissen Sie, wir leben nun mal alternativ.
▲ Das stimmt.
● Wir möchten jetzt essen. Sie essen doch mit?
■ Essen? Wo denn? O Gott, nein! Ich habe leider keine Zeit.
▲ Ich leider auch nicht. Auf Wiedersehen, und vielen Dank!

Artikel und Nomen

§ 1 Nominativ

		definiter Artikel		*indefiniter Artikel* *positiv*		*negativ*	
Singular	*Maskulinum*	der	Tisch	ein	Tisch	kein	Tisch
	Femininum	die	Lampe	eine	Lampe	keine	Lampe
	Neutrum	das	Bild	ein	Bild	kein	Bild
Plural	*Maskulinum*	die	Tische	–	Tische	keine	Tische
	Femininum	die	Lampen	–	Lampen	keine	Lampen
	Neutrum	die	Bilder	–	Bilder	keine	Bilder

Artikel im Plural: Maskulinum = Femininum = Neutrum

§ 2 Akkusativ

		definiter Artikel		*indefiniter Artikel* *positiv*		*negativ*	
Singular	*Maskulinum*	den	Salat	einen	Salat	keinen	Salat
	Femininum	die	Suppe	eine	Suppe	keine	Suppe
	Neutrum	das	Ei	ein	Ei	kein	Ei
Plural	*Maskulinum*	die	Salate	–	Salate	keine	Salate
	Femininum	die	Suppen	–	Suppen	keine	Suppen
	Neutrum	die	Eier	–	Eier	keine	Eier

Zum Vergleich:

Nominativ				*Akkusativ*		
Das ist	ein	Tisch,		Ich kaufe	einen	Tisch.
das ist	kein	Stuhl.		Ich brauche	keinen	Stuhl.
	Der	Tisch	kostet 100 €.	Ich nehme	den	Tisch.
Das ist	eine	Lampe,		Ich kaufe	eine	Lampe.
das ist	keine	Kamera.		Ich brauche	keine	Kamera.
	Die	Lampe	ist praktisch.	Ich nehme	die	Lampe.
Das ist	ein	Bild,		Ich kaufe	ein	Bild.
das ist	kein	Foto.		Ich brauche	kein	Foto.
	Das	Bild	ist neu.	Ich nehme	das	Bild.
Das sind		Tische,		Ich kaufe		Tische.
das sind	keine	Stühle.		Ich brauche	keine	Stühle.
	Die	Tische	kosten 100 €.	Ich nehme	die	Tische.

Possessivartikel § 6

a) Zum Vergleich:

		Maskulinum		*Femininum*		*Neutrum*			*Plural*	
		ein	Tisch	eine	Uhr	ein	Bild		–	Bilder
ich:	Das ist	mein	Tisch	meine	Uhr	mein	Bild	Das sind	meine	Bilder
du:	Das ist	dein	Tisch	deine	Uhr	dein	Bild	Das sind	deine	Bilder
er:	Das ist	sein	Tisch	seine	Uhr	sein	Bild	Das sind	seine	Bilder
sie:	Das ist	ihr	Tisch	ihre	Uhr	ihr	Bild	Das sind	ihre	Bilder
Sie:	Das ist	Ihr	Tisch	Ihre	Uhr	Ihr	Bild	Das sind	Ihre	Bilder

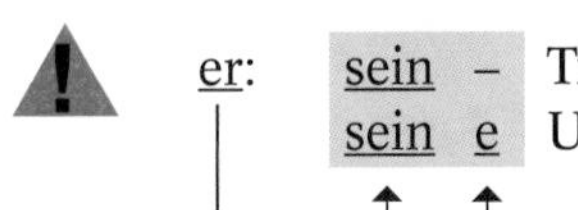
er: sein – Tisch
sein e Uhr

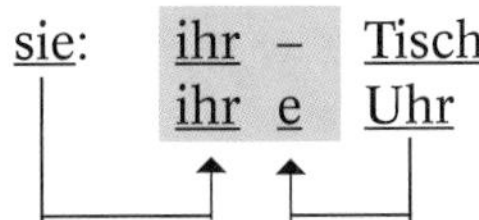
sie: ihr – Tisch
ihr e Uhr

b) Übersicht:

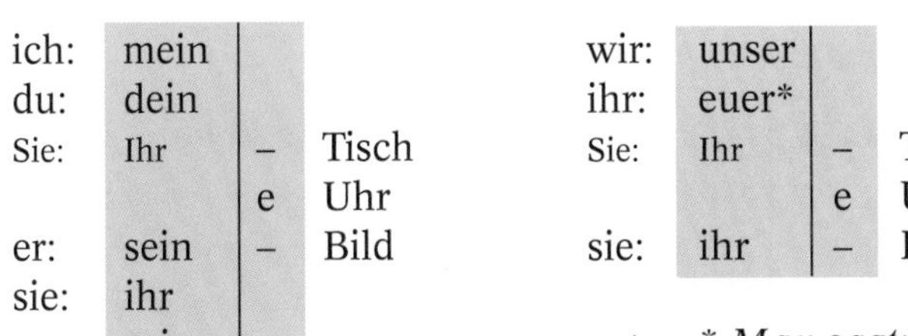

Nominativ

ich:	mein		
du:	dein		
Sie:	Ihr	–	Tisch
		e	Uhr
er:	sein	–	Bild
sie:	ihr		
es:	sein		

wir:	unser		
ihr:	euer*		
Sie:	Ihr	–	Tisch
		e	Uhr
sie:	ihr	–	Bild

* *Man sagt:* euer Tisch, euer Bild *usw.*
aber: eure Uhr

Null-Artikel und Mengenangaben § 8

			Null-Artikel	*+ Nomen*
Was trinkt	Herr Martens?	Er trinkt		Kaffee.
Was isst	Herr Martens?	Er isst		Suppe.
Was kauft	Herr Martens?	Er kauft		Kartoffeln.

					Mengenangaben	*+ Nomen*
Wie viel	Kaffee	trinkt	Herr Martens?	Er trinkt	zwei Tassen	Kaffee.
Wie viel	Suppe	isst	Herr Martens?	Er isst	einen Teller	Suppe.
Wie viel	Kartoffeln	kauft	Herr Martens?	Er kauft	ein Kilogramm	Kartoffeln.

Man sagt auch:
Ich nehme einen Kaffee. (= eine Tasse Kaffee); … eine Suppe (= einen Teller Suppe)

§ 9 Pluralformen

Darstellung in der Wortliste

Genus der Nomen

r	Tisch	=	der Tisch
e	Lampe	=	die Lampe
s	Foto	=	das Foto

Genus und Plural

r	Tisch, -e	=	der Tisch, die Tische
e	Lampe, -n	=	die Lampe, die Lampen
s	Foto, -s	=	das Foto, die Fotos

Plural der Nomen

Plural-zeichen	*Singular-Form*	*Plural-Form*
-e	Tisch	Tische
¨e	Stuhl	Stühle
-n	Lampe	Lampen
-en	Uhr	Uhren
-	Stecker	Stecker
¨	Mutter	Mütter
-er	Bild	Bilder
¨er	Land	Länder
-s	Foto	Fotos

§ 10 Ländernamen

Ländernamen ohne Artikel:

Ich fahre nach	Deutschland Österreich Frankreich Dänemark … Afrika Europa …
Ich komme aus	Deutschland Österreich Frankreich Dänemark … Afrika Europa …

Ländernamen mit Artikel:

Ich fahre in	die Bundesrepublik Deutschland die Schweiz die Türkei die GUS *(Singular!)* die USA *(Plural!)* die Niederlande *(Plural!)* …
Ich komme aus	der Bundesrepublik Deutschland der Schweiz der Türkei der GUS *(Singular!)* den USA *(Plural!)* den Niederlanden *(Plural!)*

Pronomen

Personalpronomen § 11

			Nominativ
Singular	*1. Person*		ich
	2. Person		du
	Höflichkeitsform		Sie
	3. Person	*Mask.*	er
		Fem.	sie
		Neutr.	es
Plural	*1. Person*		wir
	2. Person		ihr
	Höflichkeitsform		Sie
	3. Person		sie

Akkusativ
Dativ

Definitpronomen § 12

	definiter Artikel		*Definitpronomen* *Nominativ*	*Definitpronomen* *Akkusativ*
Maskulinum	der	Schrank	der	den
Femininum	die	Kommode	die	die
Neutrum	das	Regal	das	das
Plural	die	Stühle	die	die

Zum Vergleich:

Definiter Artikel – Definitpronomen – Personalpronomen

Der Schrank hier,	ist der nicht schön?	– Ja. Aber er ist teuer.
Die Kommode hier,	ist die nicht schön?	– Ja. Aber sie ist teuer.
Das Regal hier,	ist das nicht schön?	– Ja. Aber es ist teuer.

Siehst du den Schrank?	Wie findest du den?	Ich finde ihn schön.
Siehst du die Kommode?	Wie findest du die?	Ich finde sie schön.
Siehst du das Regal?	Wie findest du das?	Ich finde es schön.

§ 13 Indefinitpronomen

	indefiniter Artikel		*Indefinitpronomen (positiv/negativ)* *Nominativ*	*Akkusativ*
Maskulinum	ein	Schrank	einer / keiner	einen / keinen
Femininum	eine	Kommode	eine / keine	eine / keine
Neutrum	ein	Regal	eins / keins	eins / keins
Plural	–	Stühle	welche / keine	welche / keine

Ist das ein Schrank? – Ja, das ist einer. / Nein, das ist keiner.
Haben Sie einen Schrank? – Ja, ich habe einen. / Nein, ich habe keinen.

Plural: Haben Sie Regale? – Ja, ich habe welche. / Nein, ich habe keine.

§ 14 Generalisierende Indefinitpronomen

		Nominativ		*Akkusativ*	
Personen	*positiv*	Dort ist	jemand.	Ich sehe	jemanden.
	negativ	Dort ist	niemand.	Ich sehe	niemanden.
Sachen	*positiv*	Dort ist	etwas.	Ich sehe	etwas.
	negativ	Dort ist	nichts.	Ich sehe	nichts.

§ 15

§ 16 Wechselpräpositionen

a)

Wo ist Michael? Er ist auf dem Balkon.
Er ist an der Tür.
Er ist in dem Haus.

Wo? *(situativ)*

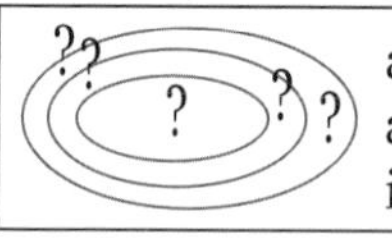

auf an in	+ Dativ

in dem → im: (Er ist in dem Haus.) → Er ist im Haus.
an dem → am: (Er ist an dem Fenster.) → Er ist am Fenster.

b)

Wohin? *(direktiv)*

auf an in	+ Akkusativ

§ 17
§ 18

Die Uhrzeit § 19

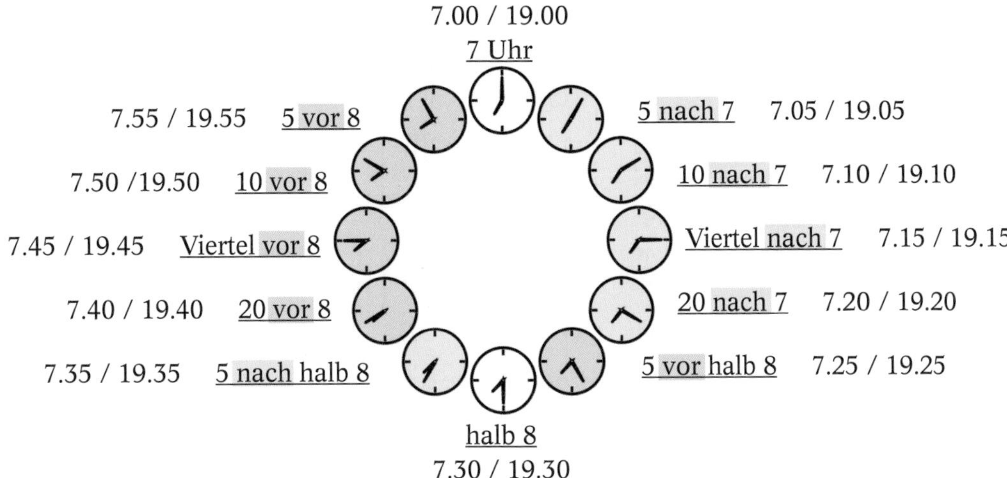

Wie spät Wie viel Uhr	ist es?	Es ist	halb drei. fünf nach halb drei. Viertel vor drei.

Wann Um wie viel Uhr	kommst du?	Ich komme um	neun Uhr. fünf nach neun. Viertel nach neun.

Adjektiv/Adverb

Formen § 20

Der Schrank	ist	groß.	Ich finde den Schrank	groß.
Die Kommode	ist	billig.	Ich finde die Kommode	billig.
Das Regal	ist	gut.	Ich finde das Regal	gut.
Die Regale	sind	teuer.	Ich finde die Regale	teuer.

§ 21

Verb

§ 22 Personalpronomen und Verb

Singular	*1. Person*	ich	wohne	–e	arbeite	heiße
	2. Person	du	wohnst	–st	arbeitest	heißt
	Höflichkeitsform	Sie	wohnen	–en	arbeiten	heißen
	3. Person Mask.	er				
	Fem.	sie	wohnt	–t	arbeitet	heißt
	Neutr.	es				
Plural	*1. Person*	wir	wohnen	–en	arbeiten	heißen
	2. Person	ihr	wohnt	–t	arbeitet	heißt
	Höflichkeitsform	Sie	wohnen	-en	arbeiten	heißen
	3. Person	sie	wohnen	–en	arbeiten	heißen

§ 23 Verben mit Vokalwechsel

	nehmen	essen	sehen	schlafen
ich	nehme	esse	sehe	schlafe
du	nimmst	isst	siehst	schläfst
er/sie/es	nimmt	isst	sieht	schläft
wir	nehmen	essen	sehen	schlafen
ihr	nehmt	esst	seht	schlaft
sie/Sie	nehmen	essen	sehen	schlafen

ebenso: messen, lesen

§ 24 „sein“, „haben“, „tun“, „werden“, „mögen“, „wissen“

	sein	haben	tun	mögen	wissen
ich	bin	habe	tue	mag	weiß
du	bist	hast	tust	magst	weißt
er/sie/es	ist	hat	tut	mag	weiß
wir	sind	haben	tun	mögen	wissen
ihr	seid	habt	tut	mögt	wisst
sie/Sie	sind	haben	tun	mögen	wissen

Modalverben § 25

	möchten	können	dürfen	müssen
ich	möchte	kann	darf	muss
du	möchtest	kannst	darfst	musst
er/sie/es	möchte	kann	darf	muss
wir	möchten	können	dürfen	müssen
ihr	möchtet	könnt	dürft	müsst
sie/Sie	möchten	können	dürfen	müssen

Imperativ § 26

	nehmen
Sie:	Nehmen Sie!
du:	Nimm!

Verben mit trennbarem Verbzusatz § 27

Er muss das Zimmer **auf** räumen.
Er hat das Zimmer **auf** geräumt.

↑
Verbzusatz (betont)

Er räumt das Zimmer **auf** .
Räum das Zimmer **auf** !

abfahren	anfangen	aufhören	aussehen	einkaufen	stattfinden
herstellen	hinfallen	mitbringen	nachdenken	zuhören	zurückbringen
umziehen	vorhaben	wegfahren	weitersuchen	fernsehen	

LEKTION 6-10 § 28- § 30

Satzstrukturen

§ 31 Wortfrage

Vorfeld	*Verb*	*Subjekt*	*Angabe*	*Ergänzung*
Wer	ist	Herr Müller?		
Wer	ist	das?		
Wie	heißen	Sie?		
Woher	kommen	Sie?		
Wo	wohnen	Sie?		

§ 32 Satzfrage

Vorfeld	*Verb*	*Subjekt*	*Angabe*	*Ergänzung*
bleibt leer!	Ist	das		Maja Matter?
	Ist	Maja		verheiratet?
	Wohnt	sie		in Brienz?
	Hat	sie	auch	zwei Kinder?
	Sind	die Kinder	noch	klein?

§ 33 Aussagesatz

a) Im Vorfeld: Subjekt

Vorfeld	*Verb*	*Subjekt*	*Angabe*	*Ergänzung*
Das	ist			Frau Wiechert.
Sie	kommt			aus Dortmund.
Herr Kaiser	isst		morgens	ein Brötchen.
Er	trinkt		danach	einen Kaffee.
Ich	esse		oft	Fisch.
Ich	trinke		gern	Kaffee.

b) Im Vorfeld: Angabe

Vorfeld	*Verb*	*Subjekt*	*Angabe*	*Ergänzung*
Morgens	isst	Herr Kaiser		ein Brötchen.
Danach	trinkt	er		einen Kaffee.

c) Im Vorfeld: Ergänzung

Vorfeld	*Verb*	*Subjekt*	*Angabe*	*Ergänzung*
Fisch	esse	ich	oft.	
Kaffee	trinke	ich	gern.	

Imperativ
§ 34

Vorfeld	*Verb*	*Subjekt*	*Angabe*	*Ergänzung*
bleibt leer!	Nehmen	Sie	doch noch	etwas Fisch!
	Nimm		doch noch	etwas Fleisch!

Modalverben
§ 35

Vorfeld	*Verb*$_1$	*Subjekt*	*Angabe*	*Ergänzung*	*Verb*$_2$
Man	kann		hier	einen Film	sehen.
Hier	darf	man	nicht		rauchen.
Wir	müssen		noch eine Stunde		warten.
Rauchen	darf	man	hier nicht.		
	↑ *Modalverb*				↑ *Infinitiv*

Verben mit trennbarem Verbzusatz
§ 36

Vorfeld	*Verb*$_1$	*Subjekt*	*Angabe*	*Ergänzung*	*Verb*$_2$
Willi	bereitet		um acht Uhr	das Frühstück	vor.
Jetzt	steht	Ilona			auf.
Klaus	sieht		heute Abend		fern.
					↑ *Verbzusatz*

Mit Modalverb:

Willi	muss		um acht Uhr	das Frühstück	vorbereiten.
Jetzt	muss	Ilona		aufstehen.	
Klaus	möchte		heute Abend		fernsehen.

LEKTION 6-10 § 37- § 38

Verben und Ergänzungen

§ 39 Verben ohne Ergänzung

aufstehen	schwimmen
fernsehen	tanzen
schlafen	träumen

Wer?	steht auf?
	schläft?
	tanzt?
Ilona Zöllner	tanzt.
Klaus Schwarz	träumt.
Willi Rose	steht auf.
↑ Subjekt	

§ 40 Verben mit Ergänzung im Nominativ (Einordnung, Gleichsetzung, Qualität)

Wer?	sein	Wer ist das?
Was?	sein werden	Was ist er? Was wird er?
Wie?	heißen sein aussehen	Wie heißt sie? Wie ist sie? Wie sieht sie aus?

Hans Müller	sein	Das	ist	Hans Müller.	
Ingenieur	sein	Er	ist	Ingenieur.	
Landwirt	werden	Er	wird	Landwirt.	
Maja Matter	heißen	Sie	heißt	Maja Matter.	
verheiratet	sein	Sie	ist	verheiratet.	
gut	aussehen	Sie	sieht	gut	aus.

§ 41 Verben mit Akkusativergänzung

Was?	essen nehmen	Was isst er? Was nimmt er?
Wen?	bedienen treffen	Wen bedient sie? Wen trifft sie?

einen Salat	essen	Er	isst	einen Salat.
eine Suppe	nehmen	Er	nimmt	eine Suppe.
einen Gast	bedienen	Sie	bedient	einen Gast.

Weitere Verben mit Akkusativergänzung:
anrufen, anziehen, aufräumen, bekommen, brauchen, einladen, erkennen, finden, haben, holen, kaufen, kennen, kosten, lesen, schneiden, sehen, suchen, trinken, vergessen, wissen

es gibt + *Akkusativ*: Es gibt heute keinen Fisch.

§ 42-
§ 46

Verben mit Verbativergänzung § 47

	Was tun?	gehen	Was geht er tun?
Was?	Was tun?	lassen	Was lässt sie was tun?

	spazieren	gehen	Er	geht		spazieren.
das Auto	waschen	lassen	Sie	lässt	das Auto	waschen.

Negation

Negation mit „nicht" und mit „kein" § 48

Negation mit nicht

Ich komme	nicht.	
Der Stuhl ist	nicht	da.
Ich trinke den Wein	nicht.	

Negation mit kein

Ich habe	keine	Zeit.
Das ist	kein	Stuhl.
Ich trinke	keinen	Wein.

Vorfeld	*Verb*	*Subjekt*	*Ergänzung*	*Angabe*	*Ergänzung*
Ich	komme			morgen nicht.	
Morgen	komme	ich		nicht.	
Ich	trinke		den Wein	nicht.	
Den Wein	trinke	ich		nicht.	
Heute	trinke	ich			keinen Wein.
Ich	habe			heute	keine Zeit.

LÖSUNGEN

zu Seite 12, Übung 11:

Wie weiter?
1 – 3 – 5 – 7 – 9 – 11 – 13 – 15 … 95 – 97 – 99
30 – 28 – 26 – 24 – 22 – 20 – 18 … 6 – 4 – 2 – 0
11 – 22 – 33 – 44 – 55 – 66 – 77 – 88 – 99
98 – 87 – 76 – 65 – 54 – 43 – 32 – 21 – 10
50 – 60 – 40 – 70 – 30 – 80 – 20 – 90 – 10 – 100 – 0

zu Seite 13, Übung 12:

Was meinen Sie?
Julia Omelas Cunha kommt aus Brasilien.
Victoria Roncart kommt aus Frankreich.
Farbin Halim kommt aus Indien.
Kota Oikawa kommt aus Japan.
Sven Gustafsson kommt aus Schweden.

zu Seite 18, Übung 19:

Wo sind die Tramper?
Etwa beim Autobahnkreuz Kassel–Würzburg / Frankfurt–Erfurt.

Bildquellenverzeichnis

Seite 13: oben: Franz Specht, Weßling
Seite 14: oben: Franz Specht, Weßling; Landkarte: © Kartographie Huber; unten: © Österreich-Werbung (Mallaun)
Seite 15: Franz Specht, Weßling
Seite 18: Karte: Ruth Kreuzer, London
Seite 24: Küchenmöbel: Mit freundlicher Genehmigung der Leicht Küchen AG, Waldstetten; *Lampen:* Ikea Deutschland
Seite 28: Abbildungen links: Mit freundlicher Genehmigung der Grundig AG, Nürnberg; *rechts: Helm-Fernseher:* Philips GmbH, Hamburg; *Damenschuh-Telefon:* Albrecht, Telefontechnik, *Trittau; Parkuhr-Radio:* Werner Bönzli, Reicherthausen
Seite 42: Bierlexikon: Franz Specht, Weßling
Seite 45: Surfen, Volleyball: © MEV; fotografieren © Thinkstock/iStock/FlairImages
Seite 46/47: MS Europa, Hapag-Lloyd AG, Bremen
Seite 58: Zeichnungen: Ruth Kreuzer, London
Seite 59: Elektroherd: AEG Deutschland; *Kühlschrank:* Werner Bönzli, Reichertshausen; *alle anderen Abbildungen:* mit freundlicher Genehmigung von Ikea Deutschland
Seite 62: Karte: Ruth Kreuzer, London
Seite 67: Strandhotel: © Haus am Hügel, Kloster/Hiddensee; *Landschaft:* © Regine Endres, www.webandwild.com

Fotos Seiten 7, 9 (unten), 12, 16, 17, 18, 30, 34 (3 Fotos oben), 37 (oben), 38 (oben), 39 (Personenfotos), 40 (Personenfotos), 43, 45 (faulenzen, schlafen, schwimmen), 49, 54, 58, 60 (oben), 63, 66 (A, B, C, D): Gerd Pfeiffer, München

Fotos Seiten 9 (oben), 10, 11, 13 (unten), 21, 22 (obere Reihe), 24 (unten links), 33, 36 (Personenfoto), 37 (unten), 41, 45 (Tennis spielen, lesen, Wein trinken, Musik hören, Musik machen, Tanzen, Fotografieren), 55, 57, 60 (unten), 66 (Gebäude): Werner Bönzli, Hueber Verlag

Fotos Seiten 22 (mittlere und untere Reihe), 23, Lebensmittel auf S. 34 , 36, 38, 39, 40: Anahid Bönzli, Tübingen

ALPHABETISCHE WORTLISTE

Hier finden Sie alle Wörter, die in diesem Buch vorkommen, mit Angabe der Seiten. (Den „Lernwortschatz“ finden Sie im Arbeitsbuch jeweils auf der ersten Seite der Lektionen.) Einige zusammengesetzte Wörter (Komposita) stehen nur als Teilwörter in der Liste.
Bei Nomen stehen der Artikel und die Pluralform; Nomen ohne Angabe der Pluralform benützt man nicht im Plural. Die Artikel sind abgekürzt: r = der, e = die, s = das.
Bei Verben stehen Hinweise zu den Ergänzungen und abweichende Konjugationsformen für „er“/„sie“/„es“ und das Perfekt.

Abkürzungen:

jmd = jemand
etw = etwas
N = Nominativ
A = Akkusativ
D = Dativ
Adj = Adjektiv/Adverb als Ergänzung im Nominativ
Sit = Situativergänzung
Dir = Direktivergänzung
Verb = Verbativergänzung

A

ab 62
r Abend, -e 9, 40, 51, 53, 54, 83, 91
abends 35, 55, 112
aber 14, 17, 26, 42, 58, 63, 74, 84
r Abfall, ¨e 26
e Achtung 52
e Adresse, -n 10, 90
ähnlich 29, 42
r Akku, -s 26, 113
r Alkohol 42, 61
alle 13, 30, 42, 64, 67, 101, 102
alles 32, 66, 90, 102, 116
als 37, 40, 102
also 20, 53, 92, 96, 97
alt 14, 40, 58
s Alter 14
alternativ 68
an 20, 28, 64, 72, 96
an·fangen fängt an, hat angefangen 52, 53, 114, 119
an·rufen jmd_A hat angerufen 62, 75, 85, 89, 109
an·schauen jmd_A / etw_A 63, 99
an·sehen jmd_A / etw_A sieht an, hat angesehen 54, 91
e Ansichtskarte, -n 55
e Antenne, -n 64, 112
e Antwort, -en 31, 72
antworten jmdD (auf etw_A) 31, 36, 54, 109
e Anzeige, -n 41, 113
an·ziehen jmd_A / etw_A hat angezogen 51, 86
r Apfel, ¨ 37, 41
r Apparat, -e 26, 28, 115
s Appartement, -s 64, 126
e Arbeit, -en 39, 50, 57, 58, 62
arbeiten 13, 14, 20, 47, 54, 70, 81
r Ärger 66
e Arzthelferin, -nen 63
e Ärztin, -nen / r Arzt, ¨e 15, 48, 72, 103, 114
auch 9, 29, 32, 42, 55, 63, 64, 67, 70, 74, 80
auf 8, 47, 64, 95, 98
auf·hängen etw_A (Sit) 64
auf·hören (mit etwD) 49, 55
auf·machen etw_A 49
auf·räumen etw_A 50, 54, 70, 77, 81, 85, 86
r Aufschnitt 41
auf·stehen ist aufgestanden 47, 70, 77, 79, 106, 108
r Aufzug, ¨e 62
aus 13, 25
r Ausflug, ¨e 52, 55, 67
aus·geben GeldA gibt aus, hat ausgegeben 48, 55
r Ausländer, - 13, 102
aus·sehen Adj sieht aus, hat ausgesehen 60, 102, 103
e Außenwand, ¨e 64
außerhalb 63
s Auto, -s 15, 21, 29, 67, 70

B

backen etw_A bäckt, hat gebacken 41
r Bäcker, - 47, 114
s Bad, ¨er 57, 58, 62, 74
baden 58, 68
bald 66, 89, 90
r Balkon, -e / -s 57, 58, 62
e Bank, -en 14, 47, 58, 93, 94
e Bar, -s 47, 52, 67
e Batterie, -n 21, 22, 23, 113
r Bauch, ¨e 42, 70, 71
bauen etw_A 63, 122
bequem 25, 29, 60, 101
s Becken, - 25
bedienen etw_A / jmd_A 47, 50
bei 18, 58, 73, 84
beide, beides 63
bekommen etw_A hat bekommen 31, 96, 112
beliebt 42
s Benzin 30
berichten (jmd_D) über etw_A 16, 102, 118, 121

ALPHABETISCHE WORTLISTE

r Beruf, -e 14, 58
berufstätig 15
beschreiben (jmd$_D$) etw_A hat beschrieben 43, 50, 58, 99
besonders 42, 66, 72, 101
bestellen etw_A 38
e Bestellung, -en 51, 86
besuchen jmd_A / etw_A 18, 75
betreiben etw_A hat betrieben 64, 125
s Bett, -en 29, 51, 71, 74, 81
bezahlen etw_A / jmd_A 39, 63, 103
e Bibliothek, -en 47, 52, 94, 103
s Bier, -e 33, 35, 37, 41, 42, 47
bieten etw_A hat geboten 27, 67, 112
s Bild, -er 26, 81, 95, 105, 107, 122
billig 32, 41, 62, 110
bis 52, 53, 86, 90, 97, 98
bitte 10, 17, 123
bitter 40
bleiben etwN / Adj / (Sit) ist geblieben 56, 71, 75, 82, 84
e Bohne, -n 37
Bord: an Bord 46
e Boutique, -n 48, 52
Brat- 37
r Braten, - 37, 73
brauchen etw_A 41, 59, 75, 87, 96, 106, 116
bringen (jmd$_D$) etw_A / jmd_A Dir hat gebracht 50, 76, 86, 90, 103
s Brot, -e 33, 35, 37, 95
s Brötchen, - 35, 114, 123
s Buch, ¨er 47, 59, 81, 95, 105, 106
buchen etw_A 67
buchstabieren etw_A 10
r Bungalow, -s 62
e Butter 33, 35, 37, 41

C

s Café, -s 45, 47, 93, 94, 114, 123
e CD, -s 30, 43, 49, 106
e Cola, -s 35, 37

D

da 12, 13, 54, 88
s Dach, ¨er 62, 64, 67
danach 37, 99
r Dank 39
danke 9
dann 16, 19, 37, 41, 42, 53, 89, 104, 108
s Deck, -s 47
dein 10, 29, 31
denn 13, 18, 29, 89, 108
s Dessert, -s 37
s Deutsch 17, 54, 120
r Dialog, -e 12, 17, 29, 39
dies 27
direkt 67
e Diskothek, -en 52, 67, 94
diskutieren über etw_A (mit jmd$_D$) 66
doch 40, 61
s Donnerwetter, - 32
dort 15, 42, 61
e Dose 35
draußen 64
r Dreck 64
du 9
e Dummheit, -en 56
dunkel 42, 74, 88, 110
r Durchschnitt 42
dürfen darf, hat gedurft / hat … dürfen 48, 64
s Duschbad, ¨er 62
e Dusche, -n 48, 62
duschen 48
r Duty-free-Shop, -s 48

E

eben 49
s Ehepaar, -e 62
ehrlich 28
s Ei, -er 33, 35, 41
eigentlich 63, 83, 103
r Eimer, - 26
einfach 24, 88, 112, 114, 116, 123
r Einkauf, ¨e 41, 102
ein·kaufen (etw_A) 48, 50, 54, 70, 81, 82
s Einkommen, - 63
ein·laden jmd_A (zu etw$_D$ / jmd$_D$) lädt ein, hat eingeladen 52, 66, 105, 106, 108
ein·treten tritt ein, ist eingetreten 48
r Eintritt 48
ein·ziehen (Dir / Sit) ist eingezogen 62
s Eis 35, 37
Elektro- 14, 21, 25, 26, 90, 118
e Eltern (Plural) 13, 58, 78, 88
s Ende 66, 108, 122
endlich 66, 74, 116
eng 42
entscheiden etw_A / über etw_A hat entschieden 22
entschuldigen 29, 123
e Entschuldigung, -en 12
er 25, 124
e Erdbeere, -n 41
s Erdgeschoss, -e 62, 67
e Erfrischung 42
ergänzen etw_A 10, 14, 23, 29, 62, 121
e Erholung 67
erkennen jmd_A / etw_A hat erkannt 42, 49
e Erlaubnis 64
s Erlebnis, -se 67
erst 17, 53, 114
ersteigern etw_A 26
erzählen (jmd$_D$) etw_A 35, 37, 41, 76, 84
erziehen jmd_A hat erzogen 15
es 9, 25, 42
s Essen 40, 51, 79, 81, 82, 86
essen etw_A isst, hat gegessen 34, 47, 51, 81
r Esstisch, -e 58
etwa 13
etwas 40, 42, 100, 108
r Euro 39, 60
r Export 42

F

r Fachmarkt, ¨-e 41
fahren (mit etwD / jmdD) Dir fährt, ist gefahren 29, 67, 70, 78, 81, 89, 100
e Familie, -n 63, 112
r Familienname, -n 10
r Familienstand 14
fantastisch 40, 66, 114
fast 42, 55, 98, 101
faulenzen 45
r Fehler, - 30, 56, 90
feiern etw_A 55, 64, 70, 108
s Fenster, - 58, 64, 91
s Fensterbrett, -er 64
e Fernbedienung, -en 30
Fernseh- 26, 28, 67, 98, 106
s Fernsehen 54
fern·sehen sieht fern, hat ferngesehen 47, 48, 70, 81, 83
fest 62
fett 40
s Feuer 18
s Fieber 50, 71, 74
r Film, -e 47, 54, 95, 106
s Finale, - 52
finden etw_A Adj hat gefunden 60
e Firma, Firmen 15, 90, 118
r Fisch, -e 33, 35, 37, 126
e Flasche, -n 35, 41, 76
s Fleisch 33, 37, 43, 47, 95
flirten (mit jmdD) 47, 67
r Flur, -e 57, 58, 59, 65
s Foto, -s 22, 43, 52, 93, 94, 113, 115, 122
r Fotograf, -en 16
fotografieren etw_A 17, 45, 55, 70, 106
fragen (jmd_A) etw_A 10, 16, 29, 31, 54, 64
e Frau, -en 7, 14, 20, 38
frei 17, 54, 61, 114
e Freizeit 50, 55, 114
e Freundin, -nen / Freund, -e 42, 51, 54, 66, 75, 81, 86
frisch 40, 74, 114
e Friseurin, -nen / r Friseur, -e 47
frisieren jmd_A 47
e Frucht, ¨-e 37, 41
früh 53, 114
s Frühstück 41, 67, 86, 114
frühstücken 47, 50, 79
funktionieren 28
für 59, 61, 69, 74, 124
r Fußball, ¨-e 17, 70, 75, 108
r Fußboden, ¨ 62
füttern TierA 64, 85

G

e Gabel, -n 33
ganz 32, 41, 72, 92, 110, 124
gar nicht 32
e Garage, -n 62, 114
e Garderobe, -n 58
r Garten, ¨ 62, 81, 114
r Gast, ¨-e 47, 58, 62, 66, 106, 108, 123
r Gasthof, ¨-e 37
geben jmdD etw_A gibt, hat gegeben 42, 89, 96, 119
s Gebiet, -e 67, 120
geboren 20
e Geburt, -en 20
r Geburtstag, -e 18, 107
gegen 52, 55, 72
gehen Dir ist gegangen 9, 17, 30, 38, 70, 113, 119, 124
s Geld 27, 47, 114
s Gemüse 33, 35, 37
gemütlich 68
genug 40, 66, 103, 110
geöffnet 52
gern 36, 38, 42, 63, 108
s Geschäft, -e 28, 47, 64, 90, 112
geschieden 16, 108
r Geschirrspüler, - 25, 26, 106, 115
geschlossen 48, 52
s Gespräch, -e 11, 37, 43
s Getränk, -e 37, 42, 95
getrennt 39
s Gewürz, -e 41
s Glas, ¨-er 25, 33, 35, 41, 42, 105, 106
glauben etw_A 36, 58, 66, 80
s Glück 63
glücklich 61, 66, 114
e Glühbirne, -n 21, 23, 25
r Gott (Götter) 19, 68
s Gramm, -e 41, 112
grillen etw_A 64
groß 42, 52, 60, 102, 110
grün 42
e Gruppe, -n 31, 101, 103, 120
r Gruß, ¨-e 55, 66
gucken (Dir) 61
günstig 63
e Gurke, -n 37, 41
gut 7, 8, 9, 15, 17, 49, 53, 55, 75, 110
e Gymnastik 52

H

haben etw_A hast, hat, hat gehabt 14, 42, 54, 78
r Hahn, ¨-e 21, 23
s Hähnchen 35, 37
halb 51, 53, 84
s Hallenbad, ¨-er 67
r Hamburger, - 35
s Handy, -s 26, 30, 31, 107, 112
hart 40, 74
hässlich 60
Haupt- 40, 101, 102, 118, 121
s Haus, ¨-er 28, 62, 63, 66, 114, 123
e Hausfrau, -en 14, 63, 108
r Haushalt, -e 28
r Hausmeister, - 62
s Haustier, -e 64
s Heim, -e 66
heißen NameN hat geheißen 7
e Heizung, -en 62, 85
hell 42, 58, 66, 110
r Helm, -e 28
herb 42
r Herd, -e 21, 22, 25, 26
r Herr, -en 7, 116
herrlich 55

her·stellen etw_A 64, 113, 118
herzlich 55, 66, 109
heute 32, 48, 52, 53, 90, 114
hier 12, 17
e Himbeere, -n 42
s Hobby, -s 14, 15, 57, 58
hoch 42, 98, 110, 122
s Hochhaus, ¨-er 66, 98, 104
r Hof, ¨-e 64
holen etw_A 51, 77, 96
hören etw_A 11, 43, 45, 47, 81, 84, 116
r Hörtext, -e 38
s Hotel, -s 67, 93, 94, 112, 126

I

ich 7
e Idee, -n 28, 56
Ihr, Ihre 10, 20, 29, 31
ihr 13, 18, 31
immer 55, 63, 66, 68, 70
e Immobilie, -n 62
in 10, 95, 102
in Ordnung 53
e Industrie, -n 67
e Information, -en 67, 112, 119, 121
informieren jmd_A (über etw_A) 64
e Ingenieurin, -nen / r Ingenieur, -e 14, 108
e Insel, -n 67, 103, 126
interessant 32, 68, 80
international 13, 124
s Interview, -s 36, 66

J

ja 8, 17, 73
s Jahr, -e 14, 26, 42, 62, 124
jeder 42, 70, 84, 122
jemand 47
jetzt 14, 16, 43, 61
r (s) Joghurt 41
r Junge, -n 14, 21, 107

K

s Kabarett, -s 56
r Kaffee 35, 81, 106, 108
r Kalender, - 52, 54, 111
kalt 37, 40, 63, 89
e Kamera, -s 21, 105, 106, 112
r Kapitän, -e 52
kaputt 30, 108
e Karte, -n 31, 66
e Kartoffel, -n 33, 35, 37, 41
r Käse 33, 35, 36, 37, 41
e Kassette, -n 30, 107
kaufen etw_A 15, 96
e Kauffrau / r Kaufmann (Kaufleute) 14, 17, 58, 82
kein 26
r Keller, - 57, 62, 67
r Kellner, - 47
kennen jmd_A / etw_A hat gekannt 42, 74, 85, 114
e Keramik 25
s Ketschup 35
kg (Kilogramm) 41
s Kilo, -s 41
s Kind, -er 13, 14, 57, 98, 108
s Kino, -s 47, 54, 81, 94
r Kiosk, -e 67
e Kirsche, -n 41
e Kiste, -n 41
s Klavier, -e 15, 21
s Kleid, -er 51, 58
klein 14, 58, 60, 110
r Koch, ¨-e 47
kochen etw_A 40, 58, 70, 81, 106, 108
s Kochfeld, -er 25
r Komfort 62
komisch 32
kommen (Dir) ist gekommen 13, 28, 88, 102, 110
e Kommode, -n 58, 60
können kann, hat gekonnt / hat ... können 27, 48
kontrollieren etw_A / jmd_A 47
s Konzert, -e 52, 54, 81
korrigieren etw_A / jmd_A 30
kosten GeldA 25, 56, 61
s Kotelett, -en 35, 36
r Krach 64
s Krankenhaus, ¨-er 47, 83
e Krankenschwester, -n 50
e Küche, -n 24, 25, 26, 47, 57, 58
r Kuchen, - 33, 35, 37, 73, 89
r Kugelschreiber, - 21, 22, 105, 106
r Kühlschrank, ¨-e 26
r Kurs, -e 10, 52, 54, 79
kurz 16, 110, 124

L

e Lampe, -n 21, 22, 24, 25, 26, 61, 90
s Land, ¨-er 16, 52, 103, 114, 120, 121
lange 18, 72, 96, 114, 124
langsam 10, 110
r Lärm 66, 74
laut 16, 64, 77
leben Sit / Adj 13, 61
s Leben, - 61, 103
s Lebensmittel, - 41, 118
ledig 15
leer 30, 89, 114
e Lehrerin, -nen / r Lehrer, - 16, 50, 63, 79, 85, 107
leicht 15, 42, 111, 113
leid tun jmd_D hat Leid getan 53, 83
leider 18, 54, 63, 68, 72, 110
leihen jmdD etw_A hat geliehen 67, 95
leise 48, 64, 74
e Leiterin, -nen / r Leiter, - 8, 26
lernen etw_A 14, 31, 70, 82, 83, 106
lesen etw_A liest, hat gelesen 12, 14, 16, 37, 45, 55, 67, 70, 81
e Leute (Plural) 14, 27, 108
s Lexikon, Lexika 42, 119, 123
lieb 55, 66
lieber 38, 74
Lieblings- 42
liegen Sit hat gelegen 18, 62, 124

e Limo, -s 40
e Limonade, -n 37, 42
r Liter, - 41
r Löffel, - 33
los sein ist los, ist los gewesen 52, 112
e Lösung, -en 13, 28
Lust haben 53, 85
lustig 28
r Luxus 62

M

machen etw_A 12, 17, 39, 41, 51, 96
s Mädchen, - 14
mal 28, 56, 64, 90, 108, 124
s Mal, -e 53, 122
man 10, 42, 64, 104
manchmal 36, 66, 74
e Mannschaft, -en 52, 75
e Marke, -n 42, 95
markieren etw_A 36
e Marmelade, -n 35, 41
e Maschine, -n 26, 29, 47, 48, 85, 90, 91, 106, 108
r Masseur, -e 47
massieren jmd_A 47
r Mechaniker, - 15, 17, 47
e Medizin 16, 69
s Meer, -e 52
s Mehl 41
mein 7, 19, 29
meinen etw_A 13, 51, 60
meist- 42, 102, 103, 121
meistens 55, 63, 114
r Mensch, -en 52, 76, 120, 126
messen etw_A misst, hat gemessen 50
s Messer, - 33
r Meter, - 62, 122
e Miete, -n 62, 64, 66, 67
r Mietvertrag, ¨-e 64
e Mikrowelle, -n 25, 26, 106, 115
e Milch 33, 35, 41, 73, 85
mild 42
e Million, -en 13
e Mine, -n 23
s Mineralwasser, ¨ 35, 41
e Minute, -n 22, 64, 114
mischen etw_A mit etw_A 42
mit 16, 20, 28, 37, 52, 62, 67, 90, 101
mit·bringen (jmd$_D$) etw_A hat mitgebracht 48, 85, 108, 114
mit·kommen ist mitgekommen 53, 71
r Mittag, -e 51
s Mittagessen, - 51, 79
mittags 35, 52
möchten (hat gewollt) 14
modern 25, 29, 32, 61, 102, 111
mögen etw_A mag, hat gemocht / hat … mögen 36, 60
r Monat, -e 17, 63, 122
montieren etw_A 64, 90
morgen 52, 53, 55, 83, 108
r Morgen 9, 52, 88
morgens 35, 72
e Musik 45, 47, 64, 74, 87, 88, 106, 113
müssen muss, hat gemusst / hat … müssen 48
e Mutter, ¨ 18, 61, 114

N

nach 18, 52, 55, 62, 86, 101, 124
r Nachbar, -n 64, 75, 90, 121
nachmittag 53, 54, 83
nachmittags 35, 55, 63
e Nachspeise, -n 40
nächst- 53, 90
r Nachtisch, -e 37
nachts 64, 74, 88
nah 41
r Name, -n 7, 8, 121
e Natur 67
natürlich 32, 42, 66, 103, 120
r Naturschutz 67
nehmen etw_A nimmt, hat genommen 37, 40
nein 8
nett 55, 66, 89, 90
neu 17, 68, 102
nicht 12
nicht mehr 40, 61
nichts 12, 56
nie 54, 115
niemand 63
noch 17, 37, 40, 51, 58, 62
noch einmal 10, 12, 43, 54, 89, 104
Nord- 42, 121
normal 42, 80
notieren etw_A 11, 43
e Nummer, -n 10, 28, 58
nun mal 68
nur 42, 62, 72, 76, 122
e Nuss, ¨-e 41

O

oben 42
obligatorisch 48
s Obst 33, 37, 73
oder 24, 31, 37, 42, 64, 74, 103
offen gesagt 56
oft 36, 72
ohne 62, 64, 88
okay 66
Öko 64
s Öl, -e 41
r Orangensaft 35
s Orchester, - 52
ordnen etw_A 49, 61, 76
originell 28
r Ort, -e 11, 20
Ost- 42, 98, 101, 121
e Ostsee 67

P

e Packung, -en 41
e Paprika, -s 41
s Paradies 67
e Parkuhr, -en 28
r Partner, - 53, 55, 64
r Passagier, -e 47
e Pause, -n 51, 119
e Person, -en 26, 31, 41, 42, 43, 108, 119
r Pfeffer 41
s Pfund, -e 41

r Pianist, -en 47
s Piano, -s 52
e Pizza, -s oder Pizzen 35
e Platte, -n 37, 110
r Platz, ¨-e 66, 94, 98, 102, 103, 104
e Politik 56
e Politparole, -n 64
e Pommes frites (Plural) 35
e Postkarte, -n 11, 21
e Postleitzahl, -en 11
praktisch 25, 29, 60, 125
r Preis, -e 28, 39
s Preisausschreiben, - 28
privat 62, 67
pro 42, 62, 63
s Problem, -e 29, 66, 74, 103, 110, 112
s Programm, -e 25, 79
r Programmierer, - 16

Q

s Quadrat, -e 62, 124
r Quatsch 56

R

Rad fahren fährt Rad, ist Rad gefahren 55, 70, 77, 83, 107, 126
s Radio, -s 26, 28, 81, 89, 107
s Rätsel, - 23
rauchen (etw_A) 45, 48, 70, 106, 108
r Raum, ¨-e 42, 48, 57, 58, 67
raus 30, 112
s Regal, -e 24, 25, 58, 106
s Reihenhaus, ¨-er 62
r Reis 33
e Reise, -n 8, 84, 90, 95, 101, 112, 119
s Reisebüro, -s 67, 93, 94, 101
reisen Dir ist gereist 15, 101, 103, 106
s Restaurant, -s 55, 67, 94
e Rezeption 67
richtig 20, 88, 113
s Rind, -er 37, 38, 41
s Rockkonzert, -e 54
rot 37, 42, 126
r Rotkohl 37
e Ruhe 67, 114
ruhig 62, 74

S

r Saft, ¨-e 35, 37, 42
sagen etw_A 29, 89, 104
e Sahne 37, 123
e Salami, -s 41
r Salat, -e 33, 35, 37, 41, 73
salzig 40
satt 40
r Satz, ¨-e 43, 49, 96, 107
sauber 67, 114
sauer 40
e Sauna, -s 62
schade 53
scharf 40, 104
schauen 60, 61, 108, 112
s Schild, -er 48
r Schinken, - 37, 41
r Schlaf 57, 58, 74, 114
schlafen schläft, hat geschlafen 45, 47, 48, 58, 66, 70, 72, 74
schlank 42
schlecht 63, 110
r Schlosser, - 17
schmecken (jmd_D) Adj 40, 42
schneiden etw_A hat geschnitten 47, 98
e Schokolade, -n 41, 73
schön 10, 53, 58, 60, 61, 110, 111
schon 17, 18, 53, 59, 61, 80, 84, 90, 92, 112, 114, 122, 124
r Schornstein, -e 64
r Schrank, ¨-e 24, 25, 26, 58
schreiben (jmd_D) etw_A hat geschrieben 10, 16, 30, 31, 58, 61, 70, 81, 106
r Schuh, -e 28
e Schülerin, -nen / r Schüler, - 14
schwarz 20, 37
s Schwein, -e 37, 73
s Schwimmbad, ¨-er 47, 94
schwimmen ist / hat geschwommen 45, 47, 70
sehen etw_A / jmd_A sieht, hat gesehen 47, 54, 70, 80, 82, 89, 116
sehr 15, 25, 58, 77
sein NameN / BerufN /Adj / Sit war, ist gewesen 7, 18, 31, 88
seit 66, 75, 101, 122
e Seite, -n 13
e Sekretärin, -nen 17
r Sessel, - 58
sie (Singular) 13, 14, 15, 25, 30, 34
sie (Plural) 14, 16, 38, 40, 42, 56
Sie 7, 8, 9, 10, 13
e Situation, -en 43, 49
r Ski, -er 55, 78, 79, 106
so 17, 19, 30, 39
sofort 42, 62, 89, 90, 114
sogar 58, 73, 114
s Sonderangebot, -e 41
sondern 28, 102
r Sonnabend, -e 54
e Sonne, -n 67
s Sonnenbad, ¨-er 47
e Sorte, -n 42
e Soße, -n 40
r Spaß, ¨-e 31
spät 53, 106, 108
später 14, 89, 103
spazieren gehen (Sit) ist spazieren gegangen 55, 72
r Spaziergang, ¨-e 47, 50, 74, 92
e Speisekarte, -n 37
r Spiegel, - 58
s Spiel, -e 31, 52, 75, 82, 118
spielen etw_A 12, 15, 16, 17, 43
r Spieler, - 31
r Sport 56, 72, 74, 118
sprechen (mit jmdD) (über etw_A) spricht, hat gesprochen 16, 17, 30, 37, 48, 70, 89, 116, 120, 121
e Spüle, -n 24, 25, 26
spülen etw_A 30, 106
s Spülmittel, - 41

stark 42
statt·finden hat stattgefunden 52
s Steak, -s 36, 37, 38, 41
e Steckdose, -n 21, 23, 113
r Stecker, - 21, 22
stimmen 31, 104, 108
r Stock, Stockwerke 62, 67
stören 48, 64, 74
r Strand, ¨e 67
e Straße, -n 10, 98, 101, 102
r Streit, Streitigkeiten 64
s Stück, -e 41
e Studentin, -nen / r Student, -en 16, 55, 66, 103
studieren etw_A 14, 16, 103
r Stuhl, ¨e 21, 23, 24, 25
e Stunde, -n 62, 63, 87, 122
suchen etw_A / jmd_A 63, 81, 88, 89, 119
e Suppe, -n 35, 37, 40
surfen 14, 45
süß 40, 42

T

e Tabelle, -n 62
r Tag, -e 7, 17, 62, 70, 79
r Tanz, ¨e 52
tanzen 45, 47, 48, 70, 95
e Taschenlampe, -n 22, 111
r Taschenrechner, - 21, 22
e Tasse, -n 35
e Taube, -n 64
tauschen etw_A (mit jmd_D) 47
e Technik 14, 112
r Tee, -s 35, 36, 71, 72, 74
s Telefon, -e 10, 26, 28, 62, 90, 93, 113, 114
e Telefonistin, -nen 17
e Telefonzelle, -n 67, 94
r Teller, - 33, 37
s Tennis 16, 52, 55, 70, 82, 106, 108
r Teppich, -e 59, 90
r Termin, -e 54, 111
e Terrasse, -n 57, 62, 64, 65
teuer 60
r Text, -e 16, 41, 88, 89, 112, 122
s Theater, - 56, 81
e Tiefgarage, -n 62
r Tisch, -e 21, 22, 26, 58
s Tischtennis 45, 47, 54
s Toastbrot, -e 37
e Toilette, -n 62, 89
e Tomate, -n 41
r Topf, ¨e 21, 23
e Torte, -n 47
r Tourist, -en 67, 122
r Tramper, - 18
r Traum, ¨e 63
träumen etw_A / Adj 50
treffen jmd_A trifft, hat getroffen 51, 53, 67, 81, 103
s Treppenhaus, ¨er 57
trinken etw_A hat getrunken 34, 45, 47, 70, 108
r Trinker, - 42
trocken 40
trotzdem 63, 103
tschüs 53, 123
tun etw_A hat getan 65, 73, 92
typisch 42

U

üben (etw_A) 36, 54, 78
überall 42, 120, 125
überhaupt 44
übrigens 17, 114
e Übung, -en 37, 53, 55, 74
e Uhr, -en 26, 27, 28
e Uhrzeit, -en 53, 86
um 50, 125
um·ziehen ist umgezogen 58, 83, 90
und 7, 28
unpraktisch 60
unten 42, 76
r Unterschied, -e 42
r Urlaub 67, 78, 106, 113
s Urteil, -e 64, 65

V

e Veranstaltung, -en 52
r Verband, ¨e 51
verbieten jmdD etw_A hat verboten 64
e Verbindung, -en 63, 101
verboten 20, 48
verdienen etw_A 62, 103, 114
vergessen etw_A vergisst, hat vergessen 52, 78, 83, 88
vergleichen etw_A/jmd_A mit etwD/jmdD hat verglichen 49, 111
verheiratet 14, 108
r Verkauf, ¨e 26
verkaufen etw_A 15, 110
r Verkehr 63, 101, 124
r Vermieter, - 64
verschieden 42, 103
verstehen jmd_A / etw_A hat verstanden 19, 43, 72, 120
r Vertrag, ¨e 62, 64
verwitwet 15
viel 31, 39, 42, 62, 64, 73, 80
vielleicht 19, 53, 63
s Viertel, - 53
r Vogel, ¨e 64
r Volleyball 45, 52
s Vollkornbrot, -e 41
s Vollwaschmittel, - 41
von 11, 24, 26, 52, 62, 86, 101
von Beruf sein 14, 17, 58
vor allem 42, 120
vor·bereiten etw_A 50
vor·haben etw_A hat vor, hat vorgehabt 53
r Vorhang, ¨e 58
vorher 64
r Vorname, -n 10
vor·schlagen (jmd_D) etw_A schlägt vor, hat vorgeschlagen 56
e Vorspeise, -n 40
r Vortrag, ¨e 52, 112
vorwiegend 42

ALPHABETISCHE WORTLISTE

W

r Wagen, - 67
r Wald, ¨-er 67
r Waldmeister 42
wann? 20, 50, 114
e Ware, -n 64, 103
warm 40, 69, 89, 111
warten (auf jmd_A / etw_A) 18, 48, 89
warum? 49
was für? 62
was? 13, 19, 22, 58, 92
s Waschbecken, - 21, 22
e Wäsche 41
waschen etw_A / jmd_A wäscht, hat gewaschen 26, 29, 30, 41, 82, 85, 90, 91, 95
s Wasser 21, 23, 33, 80, 91
s Watt, - 25
s WC, - oder -s 62
wechseln etw_A 31, 95
r Wein, -e 33, 35, 37, 45, 67, 106, 108, 126
weiß 37, 126
weiter 11, 97
weiter- 63, 74, 89, 122
welch- 59
welche? welches? 43, 63
e Welt, -en 13, 84, 101
wenigstens 56, 92
wer? 7
werden etwN wird, ist geworden 14, 103, 108
r Wert 28
West- 42, 102, 119, 121
wichtig 42, 64, 72, 115
wie bitte? 7
wie lange? 52
wie viel? 12, 27
wie? 7
willkommen 46, 62
wir 18
wirklich 68, 75, 76, 82, 88, 90
wissen etw_A weiß, hat gewusst 20, 53, 64, 108
r Witz, -e 28
witzig 28
wo? 18, 43, 47
e Woche, -n 58, 62, 66, 79, 84
woher? 13
wohin? 18, 86
wohl 68, 80
wohnen Sit 10, 57, 58, 96
wohnhaft 20
e Wohnküche, -n 62
r Wohnort, -e 10, 14
e Wohnung, -en 54, 58, 62, 64, 81, 91
r Wohnungsmarkt 62
wollen will, hat gewollt / hat … wollen 63, 72
s Wort, ¨-er 23, 31
e Wurst, ¨-e 33, 35, 37, 41, 95

Y

s Yoga 56, 74

Z

e Zahl, -en 11, 23, 124
zeichnen etw_A 48
zeigen (jmd_D) etw_A 68, 107, 111
e Zeit, -en 22, 53, 66, 106
e Zeitung, -en 50, 67, 81, 103
zerstört 67, 102
r Zettel, - 41, 87, 91
ziemlich 58
e Zigarette, -n 49, 67, 74
s Zimmer, - 48, 57, 58, 66, 67
e Zitrone, -n 42
zu 28, 30, 40, 60, 86, 96, 97
zu Hause 56, 61
zu sein 30
zu viel 65, 74
r Zucker 41
zufrieden 58, 66, 103, 114
zu·hören jmdD 49, 82, 103, 126
zurzeit 14
zusammen 14, 39, 55, 84
zusammen·passen (Adj) 22, 43, 65, 72, 90, 122
e Zwiebel, -n 37
zwischen 51, 97, 99, 121, 124

DEUTSCH ALS FREMDSPRACHE  NIVEAUSTUFE A1

Themen 1 *aktuell*

Arbeitsbuch

LEKTION 1-5

Inhalt

Bildquellenverzeichnis

Arbeitsbuch Seite 12: oben von links © SZ-Photo/Stephan Rumpf; © SZ-Photo/Teutopress; © SZ-Photo/AP/Frank; unten von links © SZ-Photo/AP; © SZ-Photo/Fred Dott; © SZ-Photo/Teutopress

Arbeitsbuch Seite 15 links: Franz Specht, Weßling

Arbeitsbuch Seite 15 rechts, Seite 16, Seite 18 und 35: Gerd Pfeiffer, München

Arbeitsbuch Seite 10, 21, 22, 24 (Tableau), 25, 56, 62: Werner Bönzli, Hueber Verlag

Vorwort

Im Arbeitsbuchteil werden die wichtigen Redemittel jeder Lektion einzeln herausgehoben und ihre Bildung und ihr Gebrauch geübt. Alle Übungen sind einzelnen Lernschritten im Kursbuch zugeordnet.

Am Anfang jeder Lektion steht eine Übersicht der Redemittel, die in der Lektion gelernt werden. Die Seiten- und Paragraphen-Angaben darin beziehen sich auf das Kursbuch. Für die Kursleiterin oder den Kursleiter ist diese Übersicht eine Orientierungshilfe, für die Lernenden eine Möglichkeit der Selbstkontrolle: Nach Durchnahme der Lektion sollte kein Eintrag in der Liste mehr unbekannt sein. Die Autoren empfehlen nicht, diese Listen auswendig zu lernen – das Durcharbeiten der Übungen setzt einen effizienteren Lernprozess in Gang.

Die Übungen des Arbeitsbuchs können im Kurs vor allem nach Erklärungsphasen in Stillarbeit eingesetzt werden. Je nach den Lernbedingungen der Kursteilnehmer können die Übungen aber auch weitgehend in häuslicher Einzelarbeit gemacht werden.

Zu den meisten Übungen gibt es im Schlüssel eine Lösung. Dies ermöglicht es den Lernenden, selbstständig zu arbeiten und sich selbst zu korrigieren. So kann dieses Arbeitsbuch – evtl. zusammen mit einem Glossar – dazu dienen, versäumte Stunden selbstständig nachzuholen.

Über die Möglichkeit, die Lösungen aus dem Schlüssel abzuschreiben, sollte man sich nicht allzu viele Gedanken machen. Oft ist der Lernerfolg dabei fast ebenso groß. Manche Lernende lassen sich von dem Argument überzeugen, dass das Abschreiben meistens wesentlich mühsamer ist als ein selbstständiges Lösen der Aufgabe.

Nicht alle Übungen lassen sich im Arbeitsbuch selbst lösen; für manche Übungen wird also eigenes Schreibpapier benötigt.

Verfasser und Verlag

Wortschatz

Verben

arbeiten 13, 14
buchstabieren 10
fragen 10, 16
haben 14
heißen 7
hören 11
kommen 13
leben 13
lernen 14
lesen 12, 14, 16
machen 12, 17
meinen 13
möchten 14
reisen 15
schreiben 10, 16
sein 7, 18
spielen 12, 15, 16, 17
sprechen 16, 17
studieren 14, 16
warten 18
werden 14
wohnen 10

Nomen

Alter 14
Ausländerin / Ausländer 13
Beruf 14
Deutschland 13
Eltern 13
Familienname 10
Familienstand 14
Fotograf 16
Frau 7, 21
Geburtstag 18
Hausfrau 14
Herr 7
Hobby, Hobbys 14, 15
Jahre 14
Kauffrau / Kaufmann 14, 17
Kind, Kinder 13, 14
Kurs 10
Land 16
Leute 14
Lösung 13
Mechaniker 15, 17
Monat, Monate 17
Name 7, 8
Ort 11, 20
Österreich 14
Postkarte, Postkarten 11, 21
Postleitzahl, Postleitzahlen 11
Reiseleiterin / Reiseleiter 8
Schülerin / Schüler 14
Schweiz 14
Seite 13
Sekretärin 17
Straße 10
Studentin / Student 16
Tag, Tage 7, 17
Telefon 10, 21
Telefonnummer 10
Vorname 10
Wohnort 10, 14
Zahl, Zahlen 11

Adjektive

alt 14
berufstätig 15
frei 17
geschieden 16
gut 7, 8, 9, 15, 17
klein 14
ledig 15
neu 17
verheiratet 14

Adverbien

bitte 10
da 12, 13
erst 17
etwa 13
hier 12, 17
jetzt 14, 16
leider 18
nicht 12
noch 17
noch einmal 10, 12
schon 17
übrigens 17

Funktionswörter

aber 14, 17
aus 13
das 7
dein 10
denn 13, 18
in 10
ja 8
man 10
mein 7
mit 16, 20
nein 8
und 7, 9, 10, 13, 14
von 11
was? 13, 19
wer? 7
wie? 7
wie viel? 12
wo? 18
woher? 13
wohin? 18

LEKTION 1

Ausdrücke

Ach so! 17, 19	Danke, gut. 9	Guten Abend! 9	Macht nichts. 12
Bitte schön! 10	Danke schön! 10	Guten Morgen! 9	Wie bitte? 7
Danke! 9	Entschuldigung! 12	Guten Tag! 7	Wie geht es Ihnen? 9
Danke, es geht. 9	Es geht. 9	Hallo! 9	zurzeit 14

Grammatik

Personalpronomen und Verb (§ 22, 24)

Ich wohne …
Wohnst du …? / Wohnen Sie …?
Er wohnt … / Sie wohnt …
Wir wohnen …
Wohnt ihr …? Wohnen Sie …?
Sie wohnen …

heißen	sein	haben
ich heiße	ich bin	ich habe
du heißt	du bist	du hast
er heißt	er ist	er hat
	wir sind	wir haben
	ihr seid	ihr habt
	sie sind	sie haben

Woher? (§ 10)

aus Deutschland
aus Österreich
aus der Schweiz
aus …

Wohin? (§ 10)

nach Deutschland
nach Österreich
in die Schweiz
nach … / in d…

Satzstrukturen (§ 31, 32 und 33)

Wortfrage:	*Satzfrage:*	*Aussagesatz:*
Wie heißen Sie?	Sind Sie Frau Beier?	Ich heiße Beier.
Wie geht es Ihnen?	Geht es Ihnen gut?	Es geht.
Wie schreibt man das?	Schreibt man das mit „ie“?	Das schreibt man mit „h“.
Wer ist das?	Ist das die Reiseleiterin?	Ja, das ist die Reiseleiterin.
Wer ist da?	Ist da nicht Gräfinger?	Nein, hier ist Lehmann.
Wo wohnen Sie?	Wohnen Sie in Düsseldorf?	Nein, ich wohne in Essen.
Woher kommt Julia?	Kommt Julia aus Leipzig?	Julia kommt aus Dortmund.
Wohin möchtet ihr?	Möchtet ihr nach Wien?	Ich möchte nach Zürich.
Was machen Sie?	Sind Sie Arzt?	Nein, ich bin Ingenieur.
Was sind Sie von Beruf?	Wartet ihr schon lange?	Es geht.

1. Ergänzen Sie.

Nach Übung 2 im Kursbuch

bin / heiße Sind ~~heißen~~ bin heißt sind ist bin bist ~~heiße~~ ist

a) ● Wie *heißen* Sie?
■ Ich *heiße* Paul Röder.

b) ● Wie ______ du?
■ Mein Name ______ Sabine.

c) ● Wer ______ Herr Lüders?
■ Das ______ ich.

d) ● ______ Sie Frau Sauer?
■ Ja, das ______ ich.

e) ● Wer ______ du?
■ Ich ______ Christoph.

f) ● Wer ______ Sie?
■ Ich heiße Paul Lüders.

2. Was passt?

Nach Übung 2 im Kursbuch

Das bin ich. Nein, mein Name ist Beier. Nein, ich heiße Beier. Mein Name ist Koch. ~~Guten Tag! Ich heiße Sauer.~~ Ich heiße Paul. ~~Guten Tag! Mein Name ist Sauer.~~ Mein Name ist Paul. Ich heiße Koch.

a) ● Guten Tag! Ich heiße Beier.
■ *Guten Tag! Mein Name ist Sauer.*
Guten Tag! Ich heiße Sauer.

b) ● Wer ist Herr Lüders?
■ ______

c) ● Wie heißen Sie?
■ ______
______

d) ● Sind Sie Frau Röder?
■ ______
______

e) ● Wie heißt du?
■ ______
______

Nach Übung **2** im Kursbuch

3. Ergänzen Sie.

ist	sind	bin	bist	-e	-en	-t

a) ● Wer *ist* ______ Frau Beier?
■ Das ______ ich.
Und wer ______ Sie?
● Mein Name ______ Sauer.

b) ● Wie heiß______ du?
■ Ich heiß______ Sabine. Und du?
● Mein Name ______ Ingrid.

c) ● Wie heiß______ Sie?
■ Ich heiß______ Röder. Und Sie?
● Mein Name ______ Werfel.

d) ● Ich heiß______ Christoph.
Und wer ______ du?
■ Mein Name ______ Ingrid.

Nach Übung **2** im Kursbuch

4. Ihre Grammatik. Ergänzen Sie.

	ich	du	Sie	mein Name / wer?
sein	*bin*			
heißen				

Nach Übung **3** im Kursbuch

5. Was passt zusammen?

a) ● Guten Abend, Herr Farahani.
■ Guten Abend, Herr Kaufmann.

b) ● Auf Wiedersehen!
■ Auf Wiedersehen!

c) ● Guten Morgen.
■ Guten Morgen, Frau Beier.
Wie geht es Ihnen?
● Danke, es geht.

d) ● Hallo Christoph!
■ Hallo Ingrid! Wie geht es dir?
● Danke, gut. Und dir?
■ Auch gut, danke.

e) ● Guten Tag, Frau Sauer.
■ Guten Tag, Frau Lüders.
Wie geht es Ihnen?
● Danke, gut. Und Ihnen?
■ Danke, auch gut!

	Dialog
A	
B	
C	
D	
E	

6. Schreiben Sie Dialoge.

Nach Übung 3 im Kursbuch

a) heißen – wie – Sie: ● *Wie heißen Sie?*
ist – Name – Müller – mein: ■ ______
b) ist – wer – Frau Beier: ● ______
ich – das – bin: ■ ______
c) Herr Lüders – Sie – sind: ● ______
ich – nein – heiße – Röder: ■ ______
d) du – heißt – wie: ● ______
heiße – Ingrid – ich: ■ ______
e) Ihnen – es – wie – geht: ● ______
geht – es: ■ ______
f) geht – wie – dir – es: ● ______
gut – danke: ■ ______
dir – und: ● ______
auch – danke – gut: ■ ______

7. Ergänzen Sie.

Nach Übung 5 im Kursbuch

a) Name : heißen / Wohnort : *wohnen*
b) Sie : Ihr Name / du : ______
c) du : Wie geht es dir? / Sie : ______
d) heißen : wie? / wohnen : ______
e) Sabine Sauer : Frau Sauer / Abdollah Farahani : ______
f) Abdollah : Vorname / Farahani : ______
g) du : deine Telefonnummer / Sie : ______
h) bitte : Bitte schön! / danke : ______

8. „Du" oder „Sie"? Wie heißen die Fragen?

Nach Übung 5 im Kursbuch

a) ● *Wie* ______ ■ Sauer.
● ______ ■ Sabine.
● ______ ■ In Gera.
● ______ ■ Ulmenweg 3, 07548 Gera
● ______ ■ 56 82 39

b) ● *Wie* ______ ■ Christian.
● ______ ■ Krüger.
● ______ ■ In Hof.
● ______ ■ Kirchweg 3, 95028 Hof
● ______ ■ 42 75

Nach Übung **5** im Kursbuch

9. Wie heißt das?

Kurs Deutsch G1

1. Pathak ①
   Raman ②
   Ahornstraße 2 ③ } ⑤
   99084 Erfurt ④ }
   3 89 45 27 ⑥

2. Hernández
   Alfredo

① *Familienname* ______________

② ______________

③ ______________

④ ______________

⑤ ______________

⑥ ______________

Nach Übung **5** im Kursbuch

10. „Wer", „wie", „wo"? Ergänzen Sie.

a) ● ________ heißt du?
   ■ Christoph.

b) ● ________ wohnen Sie, bitte?
   ■ In Erfurt.

c) ● ________ ist Ihre Adresse?
   ■ Ahornstraße 2, 99084 Erfurt.

d) ● ________ geht es dir?
   ■ Danke gut.

e) ● ________ ist dein Name?
   ■ Ingrid.

f) ● ________ ist Frau Röder?
   ■ Das bin ich.

g) ● ________ ist Ihre Nummer?
   ■ 62 15 35.

h) ● ________ wohnt in Erfurt?
   ■ Herr Pathak.

Nach Übung **6** im Kursbuch

11. „Wie teuer?" Schreiben Sie.

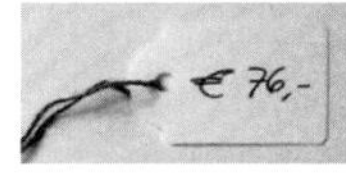

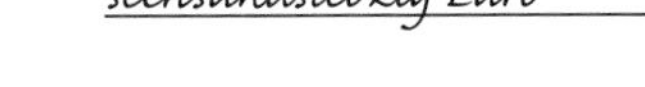

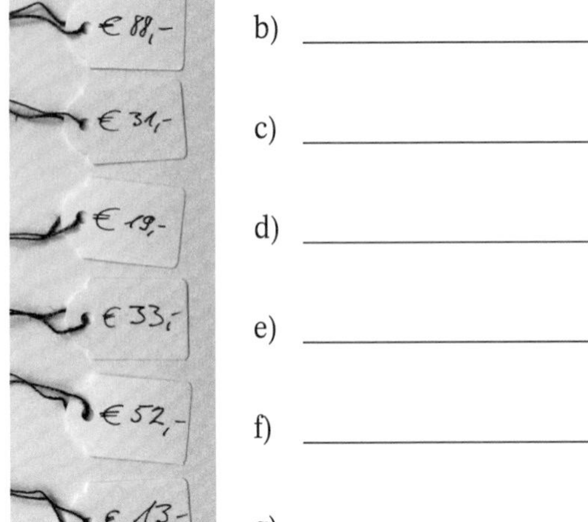

a) ______________

b) ______________

c) ______________

d) ______________

e) ______________

f) ______________

g) ______________

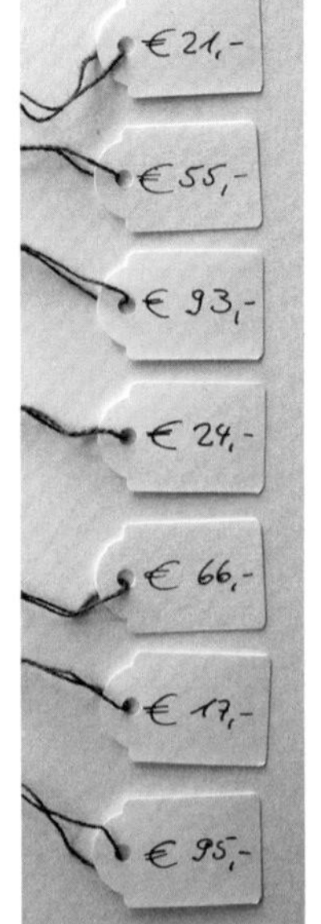

h) ______________

i) ______________

j) ______________

k) ______________

l) ______________

m) ______________

n) ______________

12. Lesen Sie die Nummernschilder.

Nach Übung 6 im Kursbuch

a)	WES - KN 52	e)	SHG - IC 71	i)	AUR - VY 69
b)	CLP - JY 34	f)	TBB - KM 83	j)	LÖ - KG 12
c)	ZW - AS 27	g)	BOR - QU 95	k)	FFB - OT 8
d)	FÜ - XT 48	h)	MTK - KR 17	l)	ROW - SY 19

13. Wer hat die Telefonnummer ...?

Nach Übung 9 im Kursbuch

Kersch Walter **6 36 66**
Leuchtenburger - 68
Kersen Detlef van **5 84 06**
Ulrich-von-Hutten- - 2
Kerski Klaus u. Hetty **6 75 25**
Johann-Justus-Weg 141 a

Kerstan Margarete **8 63 01**
Heinrich-Sandstede- - 7
Kerstelge H.-Robert Dr. **4 55 22**
Bakenhusweg 20
Kersten Andreas **4 15 38**
u. Jürgen Meerweg 57

Kerstiens Christa **7 44 09**
Lasius- 8
Kersting Egon Hirsch- 3 **50 82 71**
Kerting Ingolf Eichen- 9b **59 17 31**
Kertscher Klaus u. Elke **20 39 94**
Dießel- 7

Wer hat die Telefonnummer ...
a) vier fünfzehn achtunddreißig? __________
b) sechs sechsunddreißig sechsundsechzig? __________
c) fünfzig zweiundachtzig einundsiebzig? __________
d) neunundfünfzig siebzehn einunddreißig? __________
e) fünf vierundachtzig null sechs? __________
f) vier fünfundfünfzig zweiundzwanzig? __________
g) sechs fünfundsiebzig fünfundzwanzig? __________

14. Bilden Sie Sätze.

Nach Übung 9 im Kursbuch

a) Sätze bilden — *Bitte bilden Sie Sätze!*
b) langsam buchstabieren — *Bitte*
c) Dialoge spielen __________
d) lesen __________
e) noch einmal hören __________
f) ergänzen __________
g) Dialoge schreiben __________

15. Schreiben Sie ein Telefongespräch.

Nach Übung 9 im Kursbuch

Oh, Entschuldigung.
Hallo? Wer ist da, bitte?
Lehmann? Ist da nicht 77 65 43?
~~Lehmann.~~
Lehmann.
Nein, meine Nummer ist 77 35 43.
Bitte, bitte. Macht nichts.

● *Lehmann.*
■ __________
● __________
■ __________
● __________
■ __________
● __________

Nach Übung 12 im Kursbuch

16. Wer ist das? Schreiben Sie.

a)

Klaus-Maria Brandauer, Wien

b) Veronica Ferres, München

c) Doris Schröder-Köpf und Gerhard Schröder, Hannover

d) Kurt Masur, Leipzig

e)

Christa Wolf, Berlin

f) Maximilian Schell, Graz

a) *Das ist Klaus-Maria Brandauer. Er wohnt in* __________

b) __________

c) __________

d) __________

e) __________

f) __________

Nach Übung 13 im Kursbuch

17. Schreiben Sie Dialoge.

a)

●	■
Varga	Tendera
Woher sein?	Italien Und Sie?
Ungarn	

● *Guten Tag! Mein Name ist Varga.*
■ *Und ich heiße Tendera.*
● *Woher* __________
■ *Ich bin* __________ *Und Sie?*
● *Ich bin* __________

Ebenso:

b)

●	■
Farahani	Biro
Woher kommen?	Frankreich. Und Sie?
Iran	

c)

●	■
Sabine	João
Woher sein?	Brasilien Und du?
Österreich	

18. Ergänzen Sie.

Nach Übung 16 im Kursbuch

leben	kommen	arbeiten	heißen	sein	sprechen	studieren
wohnen	spielen	sein	sein	lernen	lernen	studieren

a) aus Brasilien / aus Italien / aus Ungarn | ________ ________

b) Lehrer / Ärztin / Knut Evers | ________

c) in Berlin / in Prag / in Leipzig | ________ ________ ________ ________ ________

d) Medizin / Elektrotechnik / Englisch | ________

e) Klavier / Tennis / Dialoge | ________

f) Deutsch / Englisch / Spanisch | ________ ________

g) Bankkaufmann / Grammatik / Englisch | ________

h) Wiechert / Matter / Heinemann | ________

19. Ergänzen Sie.

Nach Übung 17 im Kursbuch

a)
- ● Wer ________ das?
- ■ Sie heiß________ Sauer.
- ● Und wie ________ ihr Vorname?
- ■ Sabine.
- ● Wo wohn________ sie?
- ■ In Köln.
- ● Studier________ sie?
- ■ Nein, sie ________ Reiseleiterin.
- ● Was ________ ihr Hobby?
- ■ Sie spiel________ gern Tennis.

b)
- ● Wer ________ das?
- ■ Das ________ João und Luiza.
- ● Komm________ sie aus Spanien?
- ■ Nein, sie ________ aus Portugal.
- ● Wo wohn________ sie?
- ■ In Bochum.

c)
- ● Wer ________ das?
- ■ Das ________ Imre.
- ● ________ das sein Familienname?
- ■ Nein, er heiß________ Imre Varga.
- ● Arbeit________ er?
- ■ Nein, er lern________ hier Deutsch.
- ● Was ________ sein Hobby?
- ■ Er reis________ gern.

d)
- ● Wer ________ Sie?
- ■ Ich heiß________ Christoph Biro.
- ● Komm________ Sie aus Frankreich?
- ■ Ja, aber ich arbei________ in Freiburg.
- ● Was ________ Ihr Beruf?
- ■ Ich ________ Lehrer.

Nach Übung 17 im Kursbuch

20. Ihre Grammatik. Ergänzen Sie.

	sie (Sabine)	er (Imre)	sie (João und Luiza)	Sie
sein	*ist*		*sind*	
heißen				
kommen				
wohnen				

Nach Übung 17 im Kursbuch

21. Ergänzen Sie.

a) wohnen : wo / kommen : *woher* ____________
b) Hoppe : Name / Automechaniker : ____________
c) er : Junge / sie : ____________
d) Schüler : lernen / Student : ____________
e) Hamburg : Wohnort / Österreich : ____________
f) sie : Frau Röder / er : ____________
g) Klavier : spielen / Postkarte : ____________
h) wohnen : in / kommen : ____________
i) Ingenieur : Beruf / Tennis : ____________
j) 30 Jahre : Mann, Frau / 5 Jahre : ____________
k) Gespräch : hören / Postkarte : ____________

Nach Übung 17 im Kursbuch

22. Welche Antwort passt?

a) Heißt er Matter?
A Nein, Matter.
B Nein, er heißt Baumer.
C Ja, er heißt Baumer.

b) Wo wohnen Sie?
A Sie wohnt in Leipzig.
B Ich wohne in Leipzig.
C Sie wohnen in Leipzig.

c) Wie heißen sie?
A Sie heißt Katja Heinemann.
B Ja, sie heißen Katja und Klaus.
C Sie heißen Katja und Klaus.

d) Wie heißen Sie?
A Ich heiße Röder.
B Sie heißen Röder.
C Sie heißt Röder.

e) Wo wohnt sie?
A Sie ist Hausfrau.
B Ich wohne in Stuttgart.
C Sie wohnt in Dortmund.

f) Wer sind Sie?
A Mein Name ist Matter.
B Ich bin aus der Schweiz.
C Ich bin Landwirt.

g) Ist das Frau Sauer?
A Ja, das ist er.
B Ja, das sind sie.
C Ja, das ist sie.

h) Wie ist Ihr Name?
A Ich heiße Farahani.
B Ich bin das.
C Ich bin Student.

23. Lesen Sie im Kursbuch Seite 14/15.

Nach Übung 17 im Kursbuch

a) Ergänzen Sie.

	Frau Wiechert	Herr Matter	Herr Baumer	Und Sie?
Vorname / Alter	*Angelika*			
Wohnort				
Beruf				
Familienstand				
Kinder				
Hobby				

b) Schreiben Sie. *Das ist Angelika Wiechert. Sie ist ...*
Frau Wiechert ist ... *Sie ist ...* *und hat ...*
Ihre Hobbys sind ...
Das ist Gottfried ...

24. Lesen Sie die Texte S. 15/16 im Kursbuch. Schreiben Sie dann.

Nach Übung 17 im Kursbuch

a) *Ich heiße Klaus-Otto Baumer und ...* ______

b) *Ich heiße Ewald Hoppe und ...* ______

25. „Erst" oder „schon"?

Nach Übung 18 im Kursbuch

a) Anton Becker ist ______ 58 Jahre alt, Margot Schulz ______ 28.
b) Jochen Pelz arbeitet ______ drei Monate bei Müller & Co, Anton Becker ______ fünf Jahre.
c) Monika Sager wohnt ______ sechs Monate in Berlin, Manfred Bode ______ fünf Jahre.
d) ● Wartest du hier ______ lange? ■ Ja, ______ eine Stunde.
e) Ewald ist ______ 36 Jahre verheiratet, Angelika ______ fünf Jahre.
f) Dagmar lernt ______ fünf Monate Englisch, Heiner ______ zwei Jahre.
g) ● Sind Sie ______ lange hier? ■ Nein, ______ zwei Monate.

Nach Übung **18** im Kursbuch

26. Fragen Sie.

a) ● Das ist Frau Lillerud. ■ *Wie bitte? Wer ist das?*
b) ● Ihr Vorname ist Ingrid. ■ *Wie bitte? Wie ist*
c) ● Sie kommt aus Norwegen. ■ *Wie bitte? Woher*
d) ● Sie wohnt in München. ■ *Wie bitte?*
e) ● Sie studiert Medizin. ■ *Wie*
f) ● Ihr Hobby ist Reisen. ■ ______

Nach Übung **18** im Kursbuch

27. Fragen Sie.

a) ● ______ ■ Nein, er ist Programmierer.
b) ● ______ ■ Ja, ihr Name ist Heinemann.
c) ● ______ ■ Nein, er kommt aus Neuseeland.
d) ● ______ ■ Ja, er arbeitet erst drei Tage hier.
e) ● ______ ■ Ja, ich bin Frau Röder.
f) ● ______ ■ Ja bitte, hier ist noch frei.
g) ● ______ ■ Ja, er reist gern.
h) ● ______ ■ Nein, sie studiert Medizin.
i) ● ______ ■ Ja, er ist verheiratet.
j) ● ______ ■ Er kommt aus Neuseeland.
k) ● ______ ■ Sie studiert Medizin.
l) ● ______ ■ Ja, ich surfe gern.
m) ● ______ ■ Nein, sie ist Telefonistin.
n) ● ______ ■ Ja, hier ist frei.
o) ● ______ ■ Mein Vorname ist Abdollah.
p) ● ______ ■ Abdollah wohnt in Erfurt.
q) ● ______ ■ Nein, er heißt João.
r) ● ______ ■ Das ist Frau Sauer.

Nach Übung **18** im Kursbuch

28. Schreiben Sie einen Dialog.

Ja, bitte schön. – Sind Sie neu hier?

Und was machen Sie hier?

Nein, aus Neuseeland.

Ich bin Programmierer.

~~Guten Morgen, ist hier noch frei?~~

Ich heiße John Roberts.

Sind Sie aus England?

Ja, ich arbeite erst drei Tage hier.

● *Guten Morgen, ist hier noch frei?*
■ *Ja, ...*
● ______
■ ...

29. „Noch" oder „schon"?

Nach Übung 18 im Kursbuch

a) Ihre Kinder sind _______________ klein, sie sind erst drei und fünf Jahre alt.
b) ● Ist hier _______________ frei? ■ Ja, bitte.
c) ● Arbeiten Sie hier _______________ lange? ■ Nein, erst fünf Tage.
d) Monika Sager studiert _______________, Manfred Bode ist _______________ Lehrer.
e) Zwei Kinder sind _______________ Schüler, ein Junge studiert _______________ .
f) Angelika Wiechert ist _______________ verheiratet, Klaus Henkel ist _______________ ledig.
g) ● Wo ist Frau Beier? Kommt sie _______________? ■ Sie ist _______________ da.
h) ● Wohnen Sie _______________ in Hamburg? ■ Nein, ich lebe jetzt in Dortmund.

30. Ergänzen Sie.

Nach Übung 19 im Kursbuch

a)
● Hallo, ha_______ du Feuer?
■ Ja, hier.
● Wohin möcht_______ du?
■ Nach Hamburg.
● Wart_______ du schon lange?
■ Es geht.
● Woher _________ du?
■ Ich komm_______ aus Polen.
Und woher komm_______ du?
● Ich _________ aus Österreich.
■ Was mach_______ du in Deutschland?
Arbeit_______ du hier?
● Nein, ich studier_______ in Bonn

b)
● Hallo, hab_______ ihr Feuer?
■ Nein.
● Wohin möcht_______ ihr?
■ Nach München.
● Wart_______ ihr schon lange?
■ Es geht.
● Woher _________ ihr?
■ Wir komm_______ aus Wien.
● _________ ihr Österreicher?
■ Nein, wir _________ Deutsche.
● Und was mach_______ ihr in Wien?
Arbeit_______ ihr da?
■ Nein, wir studier_______ da.

31. Ihre Grammatik. Ergänzen Sie.

Nach Übung 19 im Kursbuch

	ich	du	wir	ihr
studieren	*studiere*			
arbeiten				
sein				
heißen				

32. „Danke" oder „bitte"?

Nach Übung 20 im Kursbuch

a) ● Wie geht es Ihnen?
■ _______________ , gut.

b) ● Oh, Entschuldigung!
■ _______________ schön.

c) ● Ist hier noch frei?
■ Ja, _______________ .
● _______________ !

d) ● Wie ist Ihr Name?
■ Farahani.
● ________________ buchstabieren Sie!
■ F a r a h a n i.
● ________________ schön!
■ ________________ !

e) ● Ich heiße Sauer.
■ Wie ________________ ?
Wie heißen Sie?

f) ● Hast du Feuer?
■ Ja, hier, ________________ .
● ________________ !

Nach Übung **20** im Kursbuch

33. Welche Antwort passt?

a) Sind Sie neu hier?
A Nein, ich bin neu hier.
B Ja, ich bin schon zwei Monate hier.
C Nein, ich bin schon vier Jahre hier.

b) Was sind Sie von Beruf?
A Sie ist Telefonistin.
B Ich bin erst drei Tage hier.
C Ich bin Programmierer.

c) Was macht Frau Kurz?
A Sie ist Sekretärin.
B Er ist Ingenieur.
C Sie arbeitet hier schon fünf Jahre.

d) Arbeitet Herr Pelz hier?
A Nein, er ist Schlosser.
B Ja, schon drei Jahre.
C Nein, erst vier Monate.

e) Ist hier noch frei?
A Ja, danke.
B Nein, leider nicht.
C Nein, danke.

f) Sind Sie Ingenieur?
A Nein, Mechaniker.
B Nein, danke.
C Ja, bitte.

g) Habt ihr Feuer?
A Ja, sehr gut.
B Nein, es geht.
C Ja, hier, bitte.

h) Wartet ihr schon lange?
A Ja, erst zwei Tage.
B Ja, schon zwei Tage.
C Ja, wir warten.

i) Wo liegt Potsdam?
A Bei Berlin.
B Aus Berlin.
C Nach Berlin.

j) Wohin möchtet ihr?
A Aus Rostock.
B In Rostock.
C Nach Rostock.

k) Woher kommt ihr?
A In Wien.
B Aus Wien.
C Nach Wien.

Nach Übung **20** im Kursbuch

34. Schreiben Sie einen Dialog.

Wir sind aus Berlin. Und woher kommst du?
Bei Hamburg. Wohin möchtet ihr?
~~Hallo! Habt ihr Feuer?~~
Wo ist das denn?
Danke! Wartet ihr schon lange?
Woher seid ihr?
Ich? Aus Stade.
Ja, hier, bitte!
Nach Wien.
Ja.
Nach Frankfurt. Und du?

● *Hallo! Habt ihr Feuer?*
■ *Ja*
● …

Wortschatz

Verben

antworten 31
bekommen 31
bieten 27
entscheiden 22
entschuldigen 29
fahren 29
funktionieren 28
gehen 30
können 26
korrigieren 30
kosten 25
sagen 29
spülen 30
stimmen 31
waschen 26, 29, 30
wechseln 31

Nomen

e Antwort, -en 31
s Auto, -s 21, 29
e Batterie, -n 21, 22, 23
s Benzin 30
s Bett, -en 29
s Bild, -er 26
r Fehler, - 30
r Fernsehapparat, -e 26, 28
s Foto, -s 21, 22
s Geld 27
s Geschäft, -e 28
e Gruppe, -n 31
s Haus, ¨er 28
s Handy, -s 26
r Haushalt, -e 28
r Herd, -e 22, 25, 26
e Idee, -n 28
e Kamera, -s 23
e Karte, -n 31
e Kassette, -n 30
e Küche, -n 23, 24, 25
r Kugelschreiber, - 21, 22
r Kühlschrank, ¨e 26
e Lampe, -n 21, 22, 24, 25, 26
e Minute, -n 22
e Person, -en 26, 31
s Problem, -e 29
s Programm, -e 25
s Radio, -s 26, 28
s Regal, -e 24, 25
r Schrank, ¨e 24, 25, 26
e Steckdose, -n 21, 23
r Stecker, - 21, 22
r Stuhl, ¨e 21, 23, 24, 25
r Tisch, -e 21, 22, 26
r Topf, ¨e 22, 23
e Uhr, -en 26, 27, 28
s Waschbecken, - 21, 22
e Waschmaschine, -n 26, 29
r Wasserhahn, ¨e 21, 23
r Wert, -e 28
s Wort, ¨er 23, 31
e Zeit 22

Adjektive

ähnlich 29
bequem 25, 29
ehrlich 28
kaputt 30
leer 30
lustig 28
modern 25, 29, 32
originell 28
praktisch 25, 29

Adverbien

auch 29
heute 32
sehr 25
viel 31

Funktionswörter

es 25
oder 24, 31
sondern 28
zu 28, 30

Ausdrücke

alle sein 30
aus sein 25
raus sein 30

Grammatik

Definiter Artikel im Nominativ (§ 1)

Singular:	der Stuhl	*Plural:*	die	Stühle
	die Lampe			Lampen
	das Klavier			Klaviere

Indefiniter Artikel im Nominativ (§ 1)

Singular:	ein Stuhl	*Plural:*		Stühle
	eine Lampe			Lampen
	ein Regal			Regale
Negativ Singular:	kein Stuhl	*Plural:*	keine	Stühle
	keine Lampe			Lampen
	kein Regal			Regale

Possessivartikel im Nominativ (§ 6a)

ich	*Maskulinum*	*Singular:*	mein Stuhl	*Plural:*	meine	Stühle
	Femininum		meine Lampe			Lampen
	Neutrum		mein Regal			Regale
du	*Maskulinum*	*Singular:*	dein Stuhl	*Plural:*	deine	Stühle
	Femininum		deine Lampe			Lampen
	Neutrum		dein Regal			Regale
Sie	*Maskulinum*	*Singular:*	Ihr Stuhl	*Plural:*	Ihre	Stühle
	Femininum		Ihre Lampen			Lampen
	Neutrum		Ihr Regal			Regale
er	*Maskulinum*	*Singular:*	sein Stuhl	*Plural:*	seine	Stühle
	Femininum		seine Lampe			Lampen
	Neutrum		sein Regal			Regale
sie	*Maskulinum*	*Singular:*	ihr Stuhl	*Plural:*	ihre	Stühle
	Femininum		ihre Lampe			Lampen
	Neutrum		ihr Regal			Regale

1. Suchen Sie Wörter.

Nach Übung 2 im Kursbuch

a) tielektroherdwestuhlertopfelemineuaskameratewasserhahnefglühbirneh
Elektroherd ____________________

b) zahkugelschreiberledlampesbwaschbeckenörststeckerlobatteriepsüzahlend
____

c) tassteckdoseautaschenlampeehtischisfotokistaschenrechnerlas
____

2. „Der", „die" oder „das"?

Nach Übung 2 im Kursbuch

a) ________ Taschenrechner
b) ________ Lampe
c) ________ Topf
d) ________ Steckdose
e) ________ Wasserhahn
f) ________ Kugelschreiber
g) ________ Elektroherd
h) ________ Foto
i) ________ Mine
j) ________ Glühbirne
k) ________ Kamera
l) ________ Taschenlampe
m) ________ Tisch
n) ________ Stuhl
o) ________ Waschbecken
p) ________ Stecker

3. Bildwörterbuch. Ergänzen Sie.

Nach Übung 3 im Kursbuch

a) 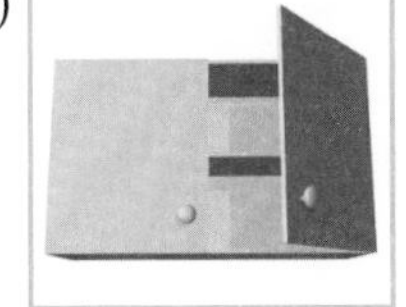
b) 
c) 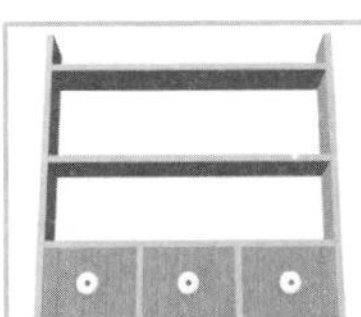
d) 
e) 
f) 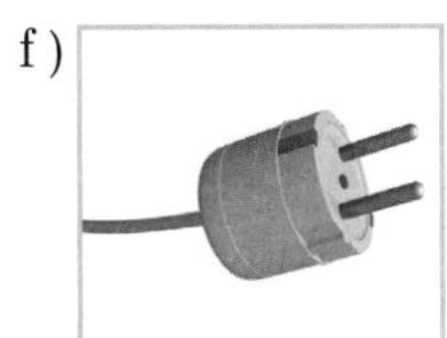
g) 
h) 
i) 
j) 
k) 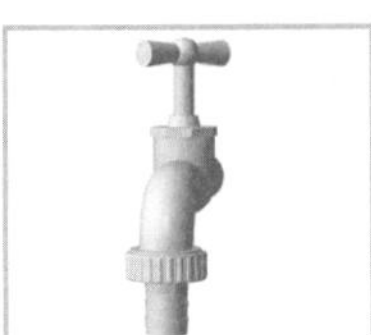
l) 
m) 
n) 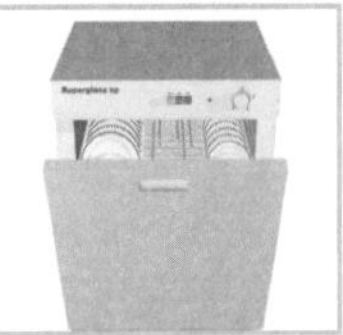

a) *der* ____________________
b) ____________________
c) ____________________
d) ____________________
e) ____________________
f) ____________________
g) ____________________
h) ____________________
i) ____________________
j) ____________________
k) ____________________
l) ____________________
m) ____________________
n) ____________________

Nach Übung **3** im Kursbuch

4. „Er", „sie", „es" oder „sie" (Plural)? Ergänzen Sie.

a) Das ist eine *Leica*. Sie ist schon zwanzig Jahre alt, aber _________ fotografiert noch sehr gut.
b) Das ist Karins Kugelschreiber. _________ schreibt sehr gut.
c) Das ist der Reiseleiter. _________ wohnt in Ulm.
d) Frau Benz ist nicht berufstätig. _________ ist Hausfrau.
e) Das sind Inge und Karin. _________ sind noch Schülerinnen.
f) Das ist Bernds Auto. _________ ist zehn Jahre alt.
g) Das sind Batterien. _________ sind für Kameras oder Taschenrechner.
h) Das ist eine *Gora*-Spülmaschine. Die Maschine hat fünf Programme. _________ ist sehr gut.
i) Das ist ein *Badenia*-Küchenstuhl. Der Stuhl ist sehr bequem. _________ kostet 185 Euro.

Nach Übung **3** im Kursbuch

5. „Der" oder „ein", „die" oder „eine", „das" oder „ein", „die" (Plural) oder „–"?

a) Nr. 6 ist ______ Büroregal und kostet 136 Euro.
b) ______ Küchenregal kostet 82 Euro.
c) Nr. 8 ist ______ Spüle mit zwei Becken.
d) ______ Spüle mit zwei Becken kostet 410 Euro.
e) ______ Herd Nr. 3 ist ______ Elektroherd, Nr. 2 ist ______ Gasherd.
f) ______ Elektroherd kostet 780 Euro, ______ Gasherd 635.
g) ______ Lampen Nr. 10 und 11 sind ______ Küchenlampen. ______ Lampe Nr. 9 ist ______ Bürolampe.
h) ______ Küchenlampen kosten 69 und 56 Euro, ______ Bürolampe 46.

Nach Übung **3** im Kursbuch

6. Beschreiben Sie.

a) *Das ist ein Küchenschrank. Der Schrank hat drei Regale. Er kostet € 698,–.*

b) *Das ist*

c)

d)

e)

f)

g)

h)

i)

Nach Übung 4 im Kursbuch

7. Ein Wort passt nicht.

a) Geschirrspüler – Waschmaschine – Spüle – Mikrowelle
b) Bild – Stuhl – Tisch – Schrank
c) Spüle – Abfalleimer – Waschbecken – Wasserhahn
d) Elektroherd – Kühlschrank – Regal – Geschirrspüler
e) Radio – Telefon – Fernsehapparat – Uhr – Handy

Nach Übung 4 im Kursbuch

8. Was ist das?

Was ist Nummer 1?
Ein Elektroherd!

■ Was ist Nr. 2? ● *Eine* ______
■ Was ist Nr. ...? ● ...

Nach Übung 4 im Kursbuch

9. „Wer" oder „was"? Fragen Sie.

a) *Wer ist das?* – Herr Roberts.
b) ______ – Ein Stuhl.
c) ______ – Das ist eine Lampe.
d) ______ – Das ist Margot Schulz.
e) ______ ist Klaus Henkel? – Programmierer.
f) ______ ist Studentin? – Monika Sager.
g) ______ wohnt in Hamburg? – Angelika Wiechert.
h) ______ macht Rita Kurz? – Sie ist Sekretärin.

10. Was ist da nicht?

Nach Übung 5 im Kursbuch

a) Da ist kein ______________ b) ______________ c) ______________

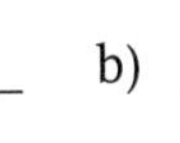

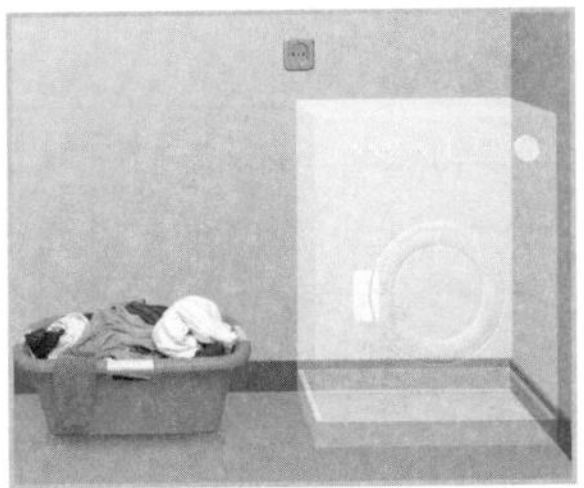

d) ______________ e) ______________ f) ______________

11. Ordnen Sie.

Nach Übung 5 im Kursbuch

Elektroherd Taschenlampe Mine Lampe Glühbirne Foto Uhr Radio Fernsehapparat Abfalleimer Bild Kühlschrank Schrank Kugelschreiber Stecker Stuhl Regal Spüle Geschirrspüler Telefon Steckdose Taschenrechner Tisch Mikrowelle Handy

der / ein / kein — die / eine / keine — das / ein / kein

a) ______________
____
____
____
____
____
____
____
____
____
____

b) ______________
____
____
____
____
____
____
____

c) ______________
____
____
____
____
____

Nach Übung **6** im Kursbuch

12. Wie heißt der Singular? Wie heißt der Plural? Ergänzen Sie.

~~Telefon~~ ~~Stuhl~~ Abfalleimer Frau Glühbirne Batterie Hobby Mikrowelle ~~Lampe~~ ~~Mutter~~ Kamera Beruf Spülmaschine Regal Kind Mine ~~Foto~~ ~~Uhr~~ ~~Stecker~~ ~~Bild~~ Wasserhahn Arzt Mädchen Taschenrechner ~~Mann~~ Kochfeld Handy Zahl Name Ausländer Waschbecken Spüle Kugelschreiber Elektroherd Tisch Topf Land Radio Auto Fernsehapparat

-e *das Telefon* – *die Telefone*
______ – ______
______ – ______
______ – ______
______ – ______
______ – ______

¨e *der Stuhl* – *die Stühle*
______ – ______
______ – ______
______ – ______

-n *die Lampe* – *die Lampen*
______ – ______
______ – ______
______ – ______
______ – ______
______ – ______
______ – ______
______ – ______

-en *die Uhr* – *die Uhren*
______ – ______
______ – ______

\- *der Stecker* – *die Stecker*
______ – ______
______ – ______
______ – ______
______ – ______
______ – ______
______ – ______

¨ *die Mutter* – *die Mütter*

-er *das Bild* – *die Bilder*
______ – ______
______ – ______

¨er *der Mann* – *die Männer*
______ – ______

-s *das Foto* – *die Fotos*
______ – ______
______ – ______
______ – ______
______ – ______
______ – ______

Nach Übung **7** im Kursbuch

13. Schreiben Sie die Zahlen.

a) zweihundertvierundsechzig *264*
b) hundertzweiundneunzig ______
c) fünfhunderteinundachtzig ______
d) siebenhundertzwölf ______
e) sechshundertfünfundfünfzig ______
f) neunhundertdreiundsechzig ______
g) hundertachtundzwanzig ______
h) dreihundertdreizehn ______
i) siebenhunderteinunddreißig ______
j) fünfhundertsiebenundvierzig ______
k) achthundertsechsundachtzig ______
l) sechshundertfünfundsiebzig ______
m) zweihundertachtunddreißig ______
n) vierhundertdreiundneunzig ______
o) neunhundertzweiundzwanzig ______
p) hundertneun ______
q) achthundertsechzehn ______
r) zweihunderteins ______

14. Schreiben Sie die Zahlen und lesen Sie laut.

Nach Übung 7 im Kursbuch

a) 802: ______________________
b) 109: ______________________
c) 234: ______________________
d) 356: ______________________
e) 788: ______________________
f) 373: ______________________
g) 912: ______________________
h) 401: ______________________
i) 692: ______________________
j) 543: ______________________
k) 428: ______________________
l) 779: ______________________
m) 284: ______________________
n) 997: ______________________
o) 238: ______________________
p) 513: ______________________
q) 954: ______________________
r) 786: ______________________

15. „Ihr"/„Ihre" oder „dein"/„deine"? Ergänzen Sie.

Nach Übung 8 im Kursbuch

a) ● Entschuldigen Sie! Ist das _________ Uhr? ■ Ja.
b) ● Du, Sonja, ist das _________ Auto? ■ Nein.
c) ● Frau Kunst, wie ist _________ Telefonnummer? ■ 24 56 89.
d) ● Wie ist _________ Adresse, Herr Wenzel? ■ Konradstraße 35, 55124 Mainz.
e) ● Wie heißt du? ■ Bettina.
● Und wie ist _________ Adresse? ■ Mozartstraße 23.
f) ● Hast du jetzt Telefon? ■ Ja.
● Und wie ist _________ Nummer? ■ 5 78 54.

16. Ergänzen sie.

Nach Übung 10 im Kursbuch

a) Taschenlampe : Batterie / Auto : ______________
b) Fernsehapparat : Bild / Kamera : ______________
c) Batterie : leer / Stuhl : ______________
d) Spülmaschine : spülen / Waschmaschine : ______________
e) Postkarte : lesen und schreiben / Telefon : ______________ und ______________
f) Auto : waschen / Topf : ______________
g) Mikrowelle : praktisch / Stuhl : ______________

17. „Er", „sie", „es" oder „sie" (Plural)? Ergänzen Sie.

Nach Übung 10 im Kursbuch

a) ● Ist das deine Kamera? ■ Ja, aber _________ funktioniert nicht.
b) ● Ist das Ihr Auto? ■ Ja, aber _________ fährt nicht.
c) ● Ist das deine Taschenlampe? ■ Ja, aber _________ funktioniert nicht.
d) ● Ist das dein Taschenrechner? ■ Ja, aber _________ geht nicht.
e) ● Sind das Ihre Batterien? ■ Ja, aber _________ sind leer.
f) ● Ist das Ihre Uhr? ■ Ja, aber _________ geht nicht.
g) ● Sind das Ihre Kugelschreiber? ■ Ja, aber _________ schreiben nicht.
h) ● Ist das dein Telefon? ■ Ja, aber _________ geht nicht.

Nach Übung **10** im Kursbuch

18. Was passt nicht?

a) *Die Waschmaschine:* ist praktisch, ist gut, ist neu, fährt gut, wäscht gut.
b) *Das Haus:* ist klein, ist modern, ist ehrlich, kostet € 230.000.
c) *Der Kühlschrank:* ist leer, geht nicht, spült nicht, ist praktisch, ist neu.
d) *Das Telefon:* ist lustig, antwortet nicht, ist kaputt, ist modern.
e) *Die Frau:* ist kaputt, ist ehrlich, ist ledig, ist klein, ist lustig.
f) *Die Spülmaschine:* wäscht nicht, ist leer, geht nicht, spült nicht gut.
g) *Der Stuhl:* ist bequem, ist neu, ist leer, ist frei, ist modern.
h) *Das Foto:* ist lustig, ist praktisch, ist neu, ist klein, ist gut.
i) *Das Auto:* fährt nicht, ist neu, wäscht gut, ist kaputt.
j) *Das Geschäft:* ist gut, ist neu, ist klein, ist leer, ist ledig.
k) *Die Idee:* ist neu, ist lustig, ist klein, ist gut.
l) *Die Küche:* ist modern, ist ehrlich, ist praktisch, ist neu, ist klein.

Nach dem **Lernspiel Seite 31** im Kursbuch

19. Antworten Sie.

a) ● Ist das deine Uhr?
■ *Nein, das ist ihre Uhr.* ______

b) ● Sind das deine Fotos?
■ *Nein, das* ______

c) ● Ist das dein Kugelschreiber?
■ ______

d) ● Ist das dein Radio?
■ ______

e) ● Ist das deine Lampe?
■ ______

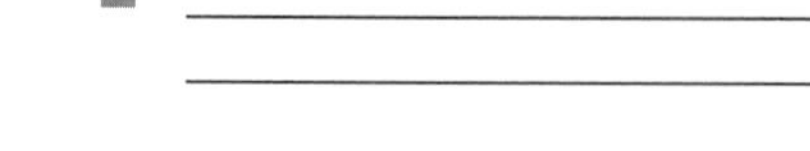

f) ● Ist das dein Fernsehapparat?
■ ______

g) ● Sind das deine Batterien?
■ ______

h) ● Ist das deine Kamera?
■ ______

i) ● Ist das dein Auto?
■ ______

j) ● Ist das deine Taschenlampe?
■ ______

k) ● Ist das dein Taschenrechner?
■ ______

l) ● Ist das dein Handy?
■ ______

Wortschatz

Verben

backen 41
bekommen 38
bestellen 38
bezahlen 39
brauchen 41
erkennen 42
erzählen 35, 37, 41
essen 34
glauben 36
kennen 42
kochen 40, 58, 70
mögen 36, 60
nehmen 37, 40
schmecken 40, 42
trinken 34, 45, 47
üben 36, 54, 78

Nomen

s Abendessen 40, 79, 86
r Alkohol 42, 61
e Anzeige, -n 41, 113
r Apfel, ¨ 37, 41
s Bier 33, 35, 37, 41, 42
e Bohne, -n 37
s Brot, -e 33, 35
s Brötchen, - 35
e Butter 33, 35, 37
e Dose, -n 35
s Ei, -er 33, 35, 41
s Eis 35, 37
e Erdbeere, -n 41
r Euro 39
r Export 42
r Fisch, -e 33, 35
e Flasche, -n 35, 41
s Fleisch 33, 37
e Frage, -n 40
e Frucht, ¨e 37, 41
s Frühstück 41
e Gabel, -n 33
r Gasthof, ¨e 37
s Gemüse 33, 35
s Gericht, -e 37, 40
s Gespräch, -e 37
s Getränk, -e 37
s Gewürz, -e 41
s Glas, ¨er 33, 35
s Gramm 41
s Hähnchen, - 35, 37
r Kaffee 35
e Kartoffel, -n 35, 37, 41
r Käse 36, 41
s Kilo, -s 41
e Kiste, -n 41
s Kotelett, -s 35, 36
r Kuchen, - 33, 35
e Limonade, -n 37, 42
r Liter, - 41
r Löffel, - 33
e Marmelade, -n 35, 41
s Mehl 41
s Messer, - 33
e Milch 33, 35, 41
s Mineralwasser 35, 41
r Nachtisch, -e 37
r Obstkuchen, - 33, 37
s Öl, -e 41
r Pfeffer 41
s Pfund 41
r Preis, -e 39
r Reis 33
r Rotwein, -e 37
r Saft, ¨e 35, 37
e Sahne 37
r Salat, -e 35, 37
r Schinken, - 37, 41
e Schokolade, -n 41
e Soße, -n 40
e Speisekarte, -n 37
s Spülmittel, - 41
s Steak, -s 36, 37
e Suppe, -n 35, 37
e Tasse, -n 35
r Tee 35, 36
r Teller, - 33, 37
e Tomate, -n 41
e Vorspeise, -n 40
e Wäsche 41
e Wurst, ¨e 35, 37
r Zettel, - 41
r Zucker 41
e Zwiebel, -n 37

Adjektive

billig 41
bitter 40
dunkel 42
eng 42
fantastisch 40
fett 40
frisch 40
groß 42
grün 42
hart 40
hell 42
hoch 42
kalt 37, 40
lieber 38, 74
mild 42
nah 41
normal 42
rot 42
salzig 40
satt 40
sauer 40
scharf 40
schlank 42
stark 42
süß 40, 42
trocken 40
typisch 42
warm 40
wichtig 42

Adverbien

abends 35
besonders 42
danach 37
dann 37, 41, 42
fast 42
ganz 41
genug 40
gern 36, 38, 42
lieber 38
manchmal 36
mittags 35
morgens 35
nachmittags 35
natürlich 42
nur 42
oben 42
oft 36
so 39
sofort 42
überall 42
unten 42
verschieden 42
vorwiegend 42
zuerst 37
zusammen 39

Funktionswörter

alle 42
als 37, 40
doch 40
etwas 40, 42
jeder 42
mit 37
pro 42
viel 42
welcher? 43
zu 40

Ausdrücke

es gibt 42
vor allem 42

Abkürzungen

g s Gramm 41
kg s Kilogramm 41

Grammatik

Definiter Artikel im Akkusativ (§ 2)

Maskulinum	*Singular:*	den Stuhl	*Plural:*	die	Stühle
Femininum		die Lampe			Lampen
Neutrum		das Klavier			Klaviere

Indefiniter Artikel, Possessivartikel, Negation im Akkusativ (§ 2 und 6a)

	Indefiniter Artikel		*Possessivartikel*		*Negation*	
Singular:	einen	Stuhl	meinen/seinen deinen/Ihren	Stuhl	keinen	Stuhl
	eine	Lampe	meine/seine deine/Ihre	Lampe	keine	Lampe
	ein	Regal	mein/sein dein/Ihr	Regal	kein	Regal
Plural:		Stühle Lampen Regale	meine deine/Ihre	Stühle Lampen Regale	keine	Stühle Lampen Regale

Imperativ (§ 26 und 34)

Nimm doch noch etwas Fleisch, Christian!
Nehmen Sie doch noch etwas Fleisch, Frau Herzog!

1. Ein Wortspiel mit Nomen. Schreiben Sie wie im Beispiel.

Nach Übung 1 im Kursbuch

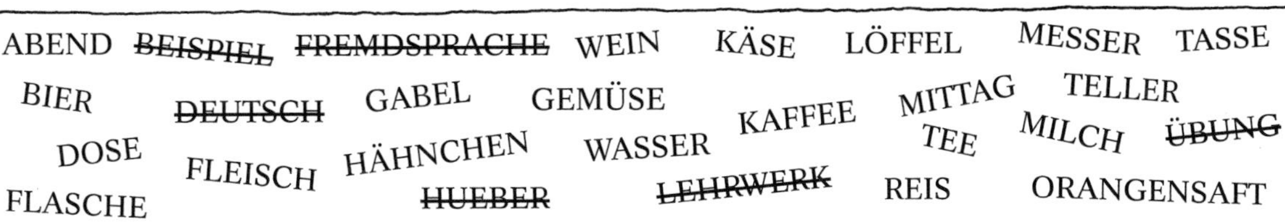
ABEND ~~BEISPIEL~~ ~~FREMDSPRACHE~~ WEIN KÄSE LÖFFEL MESSER TASSE
BIER ~~DEUTSCH~~ GABEL GEMÜSE KAFFEE MITTAG TELLER
DOSE FLEISCH HÄHNCHEN WASSER TEE MILCH ~~ÜBUNG~~
FLASCHE ~~HUEBER~~ ~~LEHRWERK~~ REIS ORANGENSAFT

2. Schreiben Sie.

Nach Übung 2 im Kursbuch

Was essen die Leute?

a) die Mutter und der Sohn

Die Mutter isst ein Hähnchen mit Kartoffelsalat und trinkt ein Bier.

Der Sohn

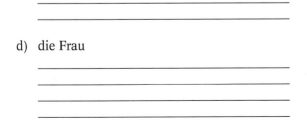

b) der Vater und die Tochter

Der Vater isst

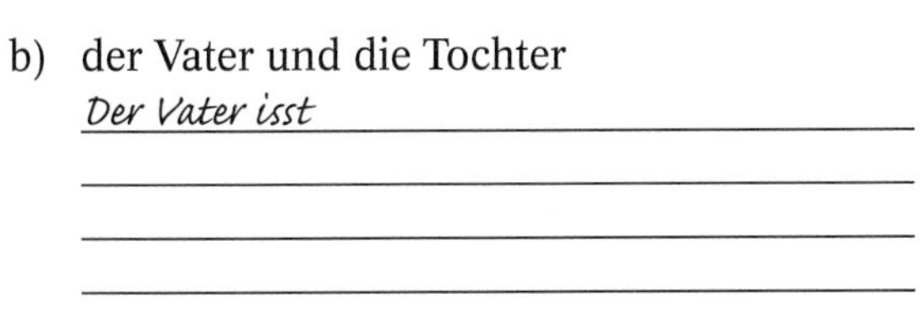

c) das Paar, er und sie

d) die Frau

Nach Übung 3 im Kursbuch

3. Schreiben Sie.

Was essen und trinken Franz, Clara und Thomas gern? Was mögen sie nicht?

	isst / trinkt — gern	mag — keinen / kein / keine
Franz Kaiser:	Hamburger, Pizza, Eis, Pommes frites, Cola	Salat, Käse, Bier, Wein
Clara Mai:	Obst, Marmeladebrot, Fisch, Wein	Pommes frites, Kuchen, Wurst, Eis, Bier
Thomas Martens:	Bier, Wein, Wurst, Fleisch, Kartoffeln	Wasser, Fisch, Reis

a) Franz Kaiser: *Er isst gern*
und er trinkt gern
Aber er mag keinen Salat,

b) Clara Mai: … c) Thomas Martens: …

Nach Übung 4 im Kursbuch

4. Drei Antworten sind richtig. Welche?

a) Was ist zum Beispiel leer?
- A eine Flasche
- B eine Batterie
- C ein Foto
- D ein Bett

b) Was ist zum Beispiel alle?
- A die Leute
- B das Geld
- C die Kartoffeln
- D das Bier

c) Was ist zum Beispiel neu?
- A eine Küche
- B eine Telefonnummer
- C eine Idee
- D Kinder

d) Was ist zum Beispiel gut?
- A der Familienstand
- B der Nachtisch
- C die Antwort
- D die Gläser

e) Was ist zum Beispiel kaputt?
- A eine Adresse
- B eine Kassette
- C ein Fernsehapparat
- D ein Teller

f) Was ist zum Beispiel frei?
- A der Tisch
- B der Haushalt
- C das Regal
- D der Stuhl

5. Ordnen Sie die Adverbien.

Nach Übung 5 im Kursbuch

meistens	~~nie~~	~~selten~~	manchmal	immer	oft

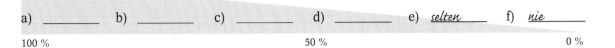

a) ________ b) ________ c) ________ d) ________ e) *selten* f) *nie*

100 % 50 % 0 %

6. Wer möchte was? Schreiben Sie.

Nach Übung 6 im Kursbuch

Bitte?
Pommes frites Orangensaft
Hamburger Cola Eis
Kuchen Kaffee
Gemüsesuppe Kartoffelsalat Bier
Imbiss

Familie Meinen isst im Schnellimbiss.

a) Sonja möchte *Pommes frites und* ________
b) Michael möchte ________
c) Frau Meinen möchte ________
d) Herr Meinen möchte ________

7. Was passt nicht?

Nach Übung 6 im Kursbuch

a) Kaffee – Tee – Milch – Suppe – Mineralwasser
b) Braten – Hähnchen – Gemüse – Kotelett – Steak
c) Glas – Flasche – Teller – Tasse – Kaffee
d) Gabel – Löffel – Messer – Tasse
e) Tasse – Gabel – Glas – Teller
f) Bier – Brot – Salat – Steak – Eis
g) Hamburger – Hauptgericht – Käsebrot – Bratwurst – Pizza
h) Weißwein – Apfelsaft – Mineralwasser – Eis – Limonade
i) morgens – abends – nachmittags – mittags – immer
j) immer – oft – mittags – manchmal – meistens

Nach Übung 6 im Kursbuch

8. Ordnen Sie und tragen Sie unten ein.

Bratwurst Gemüsesuppe Eis Schweinebraten Rindersteak Hähnchen Schwarzbrot
Apfelkuchen Wurst Salatteller Kalter Braten Rindfleischsuppe Zwiebelsuppe
Obst Fischplatte Früchtebecher Weißbrot

	Fleisch	kein Fleisch
kalt		
warm		

Nach Übung 7 im Kursbuch

9. Was passt? Schreiben Sie.

a) Kaffee : Tasse / Bier : ____________________
b) Tee : trinken / Suppe : ____________________
c) Rindersteak : Rind / Kotelett : ____________________
d) Pizza : essen / Milch : ____________________
e) Kuchen : Sahne / Pommes frites : ____________________
f) Apfel : Obst / Kotelett : ____________________
g) ich : mein / du : ____________________
h) 8 Uhr : morgens / 20 Uhr : ____________________
i) kaufen : Geschäft / essen : ____________________
j) Eis : Nachtisch / Rindersteak : ____________________

Nach Übung 7 im Kursbuch

10. Was stimmt hier nicht? Schreiben Sie die richtigen Wörter.

a) der *Schweine*saft *der Orangensaft*
b) das *Nach*gericht ____________________
c) das *Orangen*brot ____________________
d) die *Apfel*wurst ____________________
e) der *Schwarz*kuchen ____________________
f) der *Kartoffel*braten ____________________
g) das *Brat*steak ____________________
h) der *Haupt*tisch ____________________
i) der *Zwiebel*wein ____________________
j) der *Rinder*salat ____________________
k) die *Rot*suppe ____________________

11. Wer sagt das? Der Kellner, der Gast oder der Text?

Nach Übung **8** im Kursbuch

	Kellner	Gast	Text
a) Ein Glas Wein, bitte.		✓	
b) Einen Apfelsaft, bitte.			
c) Herr Ober, wir möchten bestellen.			
d) Die Gäste bestellen die Getränke.			✓
e) Und Sie, was bekommen Sie?			
f) Einen Schweinebraten mit Pommes frites. Geht das?			
g) Bitte, was bekommen Sie?			
h) Er nimmt eine Zwiebelsuppe und einen Rinderbraten.			
i) Der Kellner bringt die Getränke.			
j) Ja, natürlich. Und was möchten Sie trinken?			
k) Der zweite Gast nimmt den Schweinebraten und den Apfelsaft.			
l) Ich nehme eine Zwiebelsuppe und einen Rinderbraten.			
m) Und was möchten Sie trinken?			

12. Machen Sie Dialoge.

Nach Übung **10** im Kursbuch

Zusammen? Ja, die ist sehr gut. Ja, richtig.
Nein, getrennt. Eine Flasche Mineralwasser.
Gibt es eine Gemüsesuppe? ~~Was bekommen Sie?~~
Das macht 17 Euro 60. – Und Sie bezahlen den Wein und die Gemüsesuppe?
~~Bezahlen bitte!~~
Und was möchten Sie trinken?
Das Rindersteak und das Mineralwasser.
Und was bekommen Sie? Mit Kartoffeln.
Was bezahlen Sie?
Dann bitte eine Gemüsesuppe und ein Glas Wein. Ein Rindersteak, bitte.
Sechs Euro 90, bitte. Mit Reis oder Kartoffeln?

a)
● *Was bekommen Sie?*
■ ______
● …
■ …

b)
■ *Bezahlen bitte!*
● ______
■ …
● …

Nach Übung 11 im Kursbuch

13. Schreiben Sie.

a) ● *Bekommen Sie das Hähnchen?*
■ *Nein, ich bekomme den Fisch.*

b) Obstsalat – Eis mit Sahne
c) Wein – Bier
d) Eis – Kuchen
e) Suppe – Käsebrot
f) Fisch – Kotelett
g) Kaffee – Tee
h) Kartoffeln – Reis
i) Hamburger – Fischplatte

Nach Übung 14 im Kursbuch

14. „Nicht", „kein" oder „ein"? Ergänzen Sie.

a) ● Wie ist die Suppe? ■ Die schmeckt *nicht* gut.
b) ● Möchtest du ________ Bier? ■ Weißt du das ________ ? Ich trinke doch ________ Alkohol.
c) ● Gibt es noch Wein? ■ Nein, wir haben ________ Wein mehr, nur noch Bier.
d) ● Nehmen Sie doch noch etwas. ■ Nein danke, ich möchte ________ Fleisch mehr.
e) ● Möchten Sie ________ Kotelett? ■ Nein danke, Schweinefleisch esse ich ________ .
f) ● Und jetzt noch ________ Teller Suppe! ■ Nein danke, bitte ________ Suppe mehr.
g) ● Und zum Nachtisch dann ________ Apfelkuchen? ■ Nein danke, ________ Kuchen, lieber ________ Eis.
h) ● Ich heiße López Martínez Camegeo. ■ Wie bitte? Ich verstehe Sie ________ .

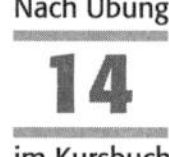

Nach Übung 14 im Kursbuch

15. Was können Sie auch sagen?

a) Ich nehme einen Wein.
[A] Ich bezahle einen Wein.
[B] Ich trinke einen Wein.
[C] Einen Wein, bitte.

b) Was möchten Sie?
[A] Bitte schön?
[B] Was bekommen Sie?
[C] Was bezahlen Sie?

c) Bitte bezahlen!
[A] Getrennt bitte.
[B] Wir möchten bezahlen.
[C] Und was bezahlen Sie?

d) Wie schmeckt die Suppe?
[A] Schmeckt die Suppe nicht?
[B] Schmeckt die Suppe?
[C] Wie ist die Suppe?

e) Das kostet 8,50 €.
- [A] Ich habe 8,50 €.
- [B] Ich bezahle 8,50 €.
- [C] Das macht 8,50 €.

f) Essen Sie doch noch etwas Fleisch!
- [A] Gibt es noch Fleisch?
- [B] Nehmen Sie doch noch etwas Fleisch!
- [C] Es gibt noch Fleisch. Nehmen Sie doch noch etwas!

g) Vielen Dank.
- [A] Danke.
- [B] Bitte schön.
- [C] Danke schön.

h) Danke, ich habe genug.
- [A] Danke, ich bin satt.
- [B] Danke, ich möchte nicht mehr.
- [C] Danke, der Fisch schmeckt sehr gut.

16. Ihre Grammatik. Ergänzen Sie.

Nach Übung 14 im Kursbuch

	antworten				
ich		*fahre*			
du			*isst*		
Sie				*nehmen*	
er/es/sie					*mag*
wir				*nehmen*	
ihr			*esst*		
Sie		*fahren*			
sie	*antworten*				

17. Ergänzen Sie.

Nach Übung 14 im Kursbuch

trinken sein schmecken nehmen essen mögen

a) ● Was *nimmst* du denn?
b) ■ Ich ________ einen Fisch.
c) ● Fisch? Der ________ aber nicht billig.
d) ■ Na ja, aber er ________ gut.
e) Was ________ du denn?
f) ● Ich ________ ein Hähnchen.
g) ■ Hähnchen? Das ________ du doch nicht.
h) ________ doch lieber ein Kotelett!
i) ● Das ________ Schweinefleisch, und
j) Schweinefleisch ________ ich nie.
k) ■ Und was ________ du?
l) ● Ich ________ ein Bier.
m) ■ Und ich ________ einen Orangensaft.

Nach Übung **14** im Kursbuch

18. Was passt zusammen?

A	Wer möchte noch ein Bier?
B	Möchtest du noch Kartoffeln?
C	Haben Sie Gemüsesuppe?
D	Das schmeckt sehr gut.
E	Wie schmeckt es?
F	Isst du gern Reis?
G	Wie viel macht das?
H	Schmeckt es nicht?
I	Ist das Rindfleisch?
J	Was gibt es zum Abendbrot?
K	Schmeckt die Suppe nicht?

1	Vielen Dank.
2	Nicht so gern, lieber Kartoffeln.
3	Ich, bitte.
4	Danke, sehr gut.
5	13,70 €.
6	Ich glaube, Zwiebelsuppe.
7	Doch, das Fleisch ist fantastisch.
8	Nein, die ist zu scharf.
9	Nein danke, ich bin satt.
10	Nein, Schweinefleisch.
11	Nein, aber Zwiebelsuppe.

A	B	C	D	E	F	G	H	I	J	K
3										

Nach Übung **15** im Kursbuch

19. Schreiben Sie zwei Dialoge.

Pichelsteiner Eintopf. Das ist Schweinefleisch mit Kartoffeln und Gemüse.

Ja, noch etwas Fleisch und Gemüse, bitte.

Möchten Sie noch mehr?

Der Eintopf schmeckt wirklich gut.

Wie schmeckt's?

~~Danke, Ihnen auch.~~

Nehmen Sie doch noch einen.

~~Guten Appetit!~~

Danke, sehr gut. Wie heißt das?

Danke. Ein strammer Max ist genug.

~~Guten Appetit!~~

~~Schmeckt's?~~

~~Danke~~.

Strammer Max. Brot mit Schinken und Ei.

Ja, fantastisch. Wie heißt das?

Das schmeckt wirklich gut.

a)
- ● *Guten Appetit!*
- ■ *Danke.*
- ● *Wie*
- ■ …

b)
- ● *Guten Appetit!*
- ■ *Danke, Ihnen auch.*
- ● *Schmeckt's?*
- ■ *Ja,*
- ● …

20. Ergänzen Sie.

Nach Übung 16 im Kursbuch

a) Ich esse den Kuchen. *Er*_____ ist sehr süß, aber *er*_____ schmeckt gut.
b) Den Wein trinke ich nicht. __________ ist zu trocken.
c) Die Limonade trinke ich nicht. __________ ist zu warm.
d) Ich esse das Steak. __________ ist teuer, aber __________ schmeckt gut.
e) Die Marmelade esse ich nicht. __________ ist zu süß, __________ schmeckt nicht gut.
f) Ich trinke gern Bier. __________ schmeckt gut, und __________ ist nicht so teuer.
g) Die Kartoffeln esse ich nicht. __________ sind kalt.
h) Der Salat schmeckt nicht. __________ ist zu salzig.

21. Welche Antwort passt?

Nach Übung 16 im Kursbuch

a) Essen Sie gern Fisch?
- A Nein, ich habe noch genug.
- B Ja, aber Kartoffeln.
- C Ja, sehr gern.

b) Was möchten Sie trinken?
- A Eine Suppe, bitte.
- B Einen Tee.
- C Lieber einen Kaffee.

c) Möchten Sie den Fisch mit Reis?
- A Lieber das Steak.
- B Ich nehme lieber Fisch.
- C Lieber mit Kartoffeln.

d) Bekommen Sie das Käsebrot?
- A Nein, ich bekomme ein Hähnchen.
- B Ja, das trinke ich.
- C Ja, das habe ich.

e) Nehmen Sie doch noch etwas!
- A Ja, ich bin satt.
- B Nein danke, ich habe genug.
- C Es schmeckt fantastisch.

f) Die Suppe ist fantastisch.
- A Vielen Dank.
- B Ist die Suppe gut?
- C Die Suppe schmeckt gut.

22. Was passt?

Nach Übung 17 im Kursbuch

		a) Milch	b) Joghurt	c) Aufschnitt	d) Pizza	e) Obst	f) Bier	g) Spülmittel	h) Öl	i) Zucker	j) Fleisch	k) Zwiebeln	l) Kuchen	m) Marmelade	n) Kaffee	o) Tomaten	p) Kartoffeln
A	Flasche																
B	Glas																
C	Dose																
D	Kiste																
E	500 Gramm																
F	ein Pfund / Kilo																
G	ein Liter																
H	ein Stück																

Nach Übung **17** im Kursbuch

23. Schreiben Sie.

a)	achtundneunzig	98
b)	sechsunddreißig	36
c)		23
d)		149
e)		777
f)		951
g)	dreihundertzweiundachtzig	
h)		565
i)		250
j)		500

Nach Übung **19** im Kursbuch

24. Tragen Sie die folgenden Sätze in die Tabelle ein.

a) Ich trinke abends meistens eine Tasse Tee.
b) Abends trinke ich meistens Tee.
c) Tee trinke ich nur abends.
d) Meine Kinder möchten Landwirte werden.
e) Markus möchte für Inge ein Essen kochen.
f) Was möchten Sie?
g) Das Brot ist alt und hart.
h) Ich bin jetzt satt.

	Vorfeld	$Verb_1$	Subj.	Angabe	Ergänzung	$Verb_2$
a)	Ich	trinke		abends meistens	eine Tasse Tee.	
b)						
c)						
d)						
e)						
f)						
g)						
h)						

Nach Übung **21** im Kursbuch

25. Suchen Sie Wörter aus Lektion 3. Es sind 38. Wie viele finden Sie in zehn Minuten?

A	X	S	E	C	U	X	A	N	M	A	R	M	E	L	A	D	E	O	A	D	K	A	F	F	E	E	D	G	B	O	H	N	E	N	K
S	A	F	T	G	V	B	D	O	I	K	E	E	L	Ö	S	N	C	B	G	X	U	L	K	O	H	H	A	A	X	B	F	P	M	Q	Ö
T	C	B	F	H	G	A	B	E	L	J	I	S	X	F	M	Y	F	V	P	B	C	K	V	N	X	B	W	A	S	S	E	R	Q	A	L
E	I	R	L	S	J	W	U	H	C	I	S	S	M	F	G	K	I	P	A	Q	H	Ä	H	N	C	H	E	N	F	T	F	R	D	O	S
A	T	O	Z	A	L	N	T	G	H	E	D	E	V	E	E	C	S	U	P	P	E	S	J	U	W	I	I	E	J	Y	B	B	O	C	C
K	O	T	E	L	E	T	T	P	I	L	S	R	B	L	M	K	C	Z	F	H	N	E	K	D	E	G	N	A	C	H	T	I	S	C	H
B	E	X	P	O	R	T	E	T	L	I	A	Z	I	V	Ü	F	H	D	E	I	S	L	M	E	H	L	D	W	E	Z	S	D	E	N	U
W	U	R	S	T	O	E	R	I	N	D	F	L	E	I	S	C	H	S	L	T	M	Y	Ö	L	V	C	R	M	X	Z	U	C	K	E	R
M	W	P	R	S	E	F	W	A	U	I	E	Y	R	V	E	G	J	E	H	L	F	U	K	N	T	G	L	Z	T	H	J	U	D	A	T
A	L	T	B	I	E	R	A	N	Y	T	Ä	R	T	A	N	D	E	M	A	ß	D	R	U	G	E	E	W	E	I	S	S	B	I	E	R

Wortschatz

Verben

anfangen 52, 53
anziehen 51
aufhören 49
aufmachen 49
aufräumen 50, 54
aufstehen 47
bedienen 47, 50
beschreiben 50
bringen 50
dürfen 48
duschen 48
einkaufen 48, 50, 54
einladen 52
feiern 55
fernsehen 47, 48
fotografieren 45, 55
frühstücken 47, 50
holen 51
kontrollieren 47
können 48
messen 50
mitbringen 48
mitkommen 53
müssen 48
ordnen 49
Rad fahren 55
rauchen 48
schlafen 45, 47, 48
schneiden 47
schwimmen 45, 47
sehen 47, 54
spazieren gehen 55
stattfinden 52
stören 48
tanzen 45, 47, 48
treffen 51, 53
vergessen 52
vergleichen 49
vorbereiten 50
vorhaben 53
zeichnen 48
zuhören 49

Nomen

r Abend, -e 51
e Ansichtskarte, -n 55
e Arbeit 50
r Ausflug, ¨-e 52, 55
r Bäcker, - 47
e Bank, -en 47
e Bar, -s 47, 52
e Bibliothek, -en 47, 52
s Buch, ¨-er 47
s Café, -s 47
e Diskothek, -en 52
r Donnerstag 54
e Dusche, -n 48
r Eintritt 48
s Essen 51
s Fernsehen 54
s Fieber 50
r Film, -e 47, 54
r Freitag 54
e Freizeit 50, 55
e Friseurin, -nen / r Friseur, -e 47
r Gast, ¨-e 47, 58
r Gruß, ¨-e 55
r Juli 54
e Kellnerin, -nen / r Kellner, - 47
s Kino, -s 47, 54
s Kleid, -er 51
s Konzert, -e 52, 54
s Krankenhaus, ¨-er 47
e Krankenschwester, -n 50
e Lehrerin, -nen / r Lehrer, - 50
e Mannschaft, -en 52
e Maschine, -n 47
s Meer, -e 52
r Mensch, -en 52
r Mittag, -e 51
s Mittagessen, - 51
r Mittwoch 52, 54
r Montag 54
e Musik 45, 47
r Passagier, -e 47
e Pause, -n 51
s Restaurant, -s 55
r Samstag 54
r Satz, ¨-e 49
s Schild, -er 48
s Schwimmbad, ¨-er 47
e Situation, -en 49
r Sonnabend 54
s Sonnenbad, ¨-er 47
r Sonntag 54
r Spaziergang, ¨-e 47, 50
r Tanz, ¨-e 52
e Torte, -n 47
e Uhrzeit, -en 53
r Verband, ¨-e 51
s Viertel, - 53
r Vortrag, ¨-e 52
e Wohnung, -en 54
e Zeitung, -en 50
e Zigarette, -n 49

Adjektive

früh 53
geöffnet 52
geschlossen 48, 52
herrlich 55
herzlich 55
leise 48
lieb 55
nächst- 53
nett 55
obligatorisch 48
spät 53
verboten 48

LEKTION 4

Adverbien

eben 49	immer 55	morgen 52, 53, 55	selbst 48
heute 48, 52, 53	meistens 55	nie 54	vielleicht 53

Funktionswörter

also 53	gegen 52, 55	selbst 48	warum? 49
auf 47	jemand 47	von … bis … 52	wie lange? 52
bis 52, 53	nach 52, 55	wann? 50	zwischen 51

Ausdrücke

Achtung! 52	freihaben 54	Lust haben 53	spät sein 53
Betten machen 51	leidtun 53	Pause machen 51	Tschüs! 53
das nächste Mal 53	los sein 52	Schön. 53	

Grammatik

Modalverben (§ 25 und 35)

dürfen:	Sie dürfen hier nicht rauchen.	können:	Man kann hier Bücher lesen.
müssen:	Du musst jetzt aber schlafen.	möchten:	Ich möchte das Konzert hören.

Verben mit trennbarem Verbzusatz (§ 27 und 36)

anfangen:	Wann fängt der Kurs an?	mitkommen:	Ich komme gern mit.
aufstehen:	Sie steht um acht Uhr auf.	stattfinden:	Wann findet der Ausflug statt?
einkaufen:	Hier kaufen wir immer ein.	vorbereiten:	Er bereitet das Frühstück vor?
fernsehen:	Sie sieht heute nicht fern.	zuhören:	Hören sie bitte gut zu.

Uhrzeit (§ 19)

Wie spät	ist es?	Sieben Uhr.	Wann	kommt er?	Um	sieben.
Wie viel Uhr		Fünf nach sieben.	Um wie viel Uhr			halb acht.

Verben mit Vokalwechsel (§ 23)

essen	fernsehen	lesen	messen
du isst er/sie isst	du siehst fern er/sie sieht fern	du liest er/sie liest	du misst er/sie misst
nehmen	schlafen	treffen	
du nimmst er/sie nimmt	du schläfst er/sie schläft	du triffst er/sie trifft	

1. Was passt?

Nach Übung 4 im Kursbuch

Bank	Kino	Bäcker	Bibliothek	Café	Schwimmbad	Friseur	Geschäft

a) Kuchen, Brot, Torte, backen: __________
b) Bücher, Zeitungen lesen: __________
c) Kuchen essen, Kaffee trinken: __________
d) Sonnenbad, schwimmen, Wasser: __________
e) Film sehen, dunkel: __________
f) frisieren, Frau, Mann: __________
g) Geld haben, wechseln, €: __________
h) kaufen, verkaufen, bezahlen: __________

2. Was machen die Leute?

a) 

b) __________

c) __________

d) __________

e) __________

f) __________

g) __________

h) __________

i) __________

j) __________

k) __________

l) __________

Nach Übung 5 im Kursbuch

3. Was muss, kann, darf, möchte Eva hier (nicht)? Welche Sätze passen?

Eva muss hier warten.	Eva darf hier nicht fotografieren.	Hier darf Eva rauchen.
Hier darf Eva kein Eis essen.	Hier darf Eva nicht rauchen.	Eva möchte fotografieren.
Eva muss aufstehen.	Eva kann hier ein Eis essen.	Eva möchte nicht rauchen.

a) ____________________

b) ____________________

c) ____________________

d) ____________________

e) ____________________

f) ____________________

g) ____________________

h) ____________________

i) ____________________

Nach Übung 5 im Kursbuch

4. Ein Wort passt nicht.

a) duschen – spülen – schwimmen – schlafen – waschen
b) Friseur – Arbeit – Passagier – Gast – Kellner
c) Krankenhaus – Maschine – Bibliothek – Gasthaus – Café
d) zeichnen – rauchen – trinken – essen – sprechen
e) sehen – hören – schmecken – essen
f) bezahlen – Geld ausgeben – stören – Geld wechseln – einkaufen
g) Foto – Bild – Musik – Film

5. Ergänzen Sie.

Nach Übung 5 im Kursbuch

a) Wolfgang (schlafen) __________________ noch.
b) Frau Keller (lesen) __________________ eine Zeitung.
c) (sehen) __________________ du das Schild nicht? Hier darf man nicht rauchen.
d) (fernsehen) __________________ du noch __________________ , oder möchtest du lesen?
e) Er (sprechen) __________________ sehr gut Deutsch.
f) (sprechen) __________________ du Spanisch?
g) Sie (fahren) __________________ gerne Ski.
h) (schlafen) __________________ du schon?
i) Frau Abel (fahren) __________________ heute nach Leipzig.
j) (essen) ________________ du das Steak oder (nehmen) ________________ du das Kotelett?

6. Ihre Grammatik. Ergänzen Sie.

Nach Übung 5 im Kursbuch

	lesen	essen	schlafen	sprechen	sehen
ich	*lese*				
du					
er, sie, es, man					
wir					
ihr					
sie, Sie					

7. Ergänzen Sie die Verben.

Nach Übung 7 im Kursbuch

aufmachen aufhören zuhören machen fernsehen ~~aufstehen~~
einkaufen ~~hören~~ kaufen sehen ausgeben

a) Ich *stehe* jetzt *auf* . Möchtest du noch schlafen?
b) *Hören* Sie die Kassette – und spielen Sie den Dialog.
c) ● Was machst du? ■ Ich _________ _________ . Der Film ist sehr gut.
d) Ich _________ das Auto nicht _________ . Ich habe nicht genug Geld.
e) _________ du bitte die Flasche _________ ? Ich kann das nicht.
f) _________ du bitte ein Foto _________ ? Hier ist die Kamera.
g) ● _________ du heute _________ ? ■ Ja, gern! Was brauchen wir denn?
h) Hier dürfen Sie nicht rauchen. _________ Sie bitte _________ !
i) Bitte seien Sie leise und _________ Sie _________ . Vera spielt doch Klavier!
j) _________ du das Schild nicht _________ ? Du darfst hier kein Eis essen.
k) Für sein Auto _________ er viel Geld _________ .

Nach Übung **9** im Kursbuch

8. „Müssen", „dürfen", „können", „möchten". Ergänzen Sie.

a) ● Mama, ____________ ich noch fernsehen?
■ Nein, das geht nicht. Es ist schon sehr spät. Du ____________ jetzt schlafen.

b) ● Papa, wir ____________ ein Eis essen.
■ Nein, jetzt nicht. Wir essen gleich.

c) ● Mama, ____________ wir jetzt spielen?
■ Nein, ihr ____________ erst das Geschirr spülen, dann ____________ ihr spielen.

d) ● Mama, ich ____________ fotografieren. ____________ ich?
■ Aber du ____________ doch gar nicht fotografieren!

e) ● Papa, ____________ ich Klavier spielen?
■ Ja, aber du ____________ leise spielen. Mama schläft.

Nach Übung **9** im Kursbuch

9. Ihre Grammatik. Ergänzen Sie.

A.	möchten	können	dürfen	müssen
ich				
du				
er, sie, es, man				
wir				
ihr				
sie, Sie				

B. a) Nils macht die Flasche auf.
b) Nils möchte die Flasche aufmachen.
c) Macht Nils die Flasche auf?
d) Möchte Nils die Flasche aufmachen?
e) Wer macht die Flasche auf?
f) Wer möchte die Flasche aufmachen?

	Vorfeld	$Verb_1$	Subjekt	Angabe	Ergänzung	$Verb_2$
a)	*Nils*	*macht*				
b)						
c)						
d)						
e)						
f)						

10. Was passt zusammen?

Nach Übung 10 im Kursbuch

A	Hallo, was macht ihr da?
B	Sie dürfen hier nicht rauchen!
C	Stehen Sie bitte auf!
D	Darf man hier fotografieren?
E	Ihr könnt hier nicht warten!
F	Schwimmen ist hier verboten! Siehst du das Schild nicht?
G	Ihre Musik stört die Leute. Sie müssen leise sein.

1	Warum nicht? Wir stören hier doch nicht.
2	Bitte nur eine Zigarette. Dann höre ich auf.
3	Ich kann doch nicht lesen.
4	Warum? Ist das Ihr Stuhl?
5	Wir schwimmen. Ist das verboten?
6	Nein, das ist verboten!
7	Warum das? Hier darf man doch Radio hören!

A	B	C	D	E	F	G

11. Was passt?

Nach Übung 13 im Kursbuch

~~einen Verband~~ Musik einen Brief einen Schrank eine Frage
einen Gast eine Bar Betten ein Schwein
eine Idee einen Spaziergang eine Bestellung Kartoffelsalat
einen Film eine Kartoffel eine Torte ein Krankenhaus
einen Kaffee das Abendessen
einen Beruf einen Fehler eine Reise Pause das Frühstück
ein Kotelett die Arbeit eine Adresse Käse

einen Verband	machen
...	

Nach Übung 13 im Kursbuch

12. Schreiben Sie.

a) Renate: ein Buch lesen – fernsehen

● *Renate liest ein Buch. Möchtest du auch ein Buch lesen?*

■ *Nein, ich sehe lieber fern.*

b) Jochen: um sieben Uhr aufstehen – erst um halb acht aufstehen.
c) Klaus und Bernd: Tennis spielen – Fußball spielen
d) Renate: einen Spaziergang machen – fernsehen
e) wir: Radio hören – einen Spaziergang machen
f) Müllers: ein Sonnenbad nehmen – die Küche aufräumen
g) Maria: fernsehen – Klavier spielen

Nach Übung 15 im Kursbuch

13. „Schon", „noch" oder „erst"? Ergänzen Sie.

a) Um 6.00 Uhr schläft Ilona Zöllner ___________ . Willi Rose steht dann ___________ auf. Ilona Zöllner steht ___________ um 8.00 Uhr auf.
b) Monika Hilger möchte ___________ um 21.00 Uhr schlafen. Da sieht Klaus Schwarz ___________ fern.
c) Um 6.30 Uhr frühstückt Willi Rose, Ilona Zöllner ___________ um 9.30 Uhr.
d) Um 23.00 Uhr tanzt Ilona Zöllner ___________ , Monika Hilger schläft dann ___________ .

Nach Übung 16 im Kursbuch

14. Was passt nicht?

a) Reise – Achtung – Ausflug – fahren – Auto
b) Musik – Mannschaft – Konzert – Orchester
c) Pause – Gast – einladen – essen – trinken
d) Mensch – Leute – Person – Frauen
e) Tanz – Musik – Film – Diskothek
f) Geschäft – geöffnet – geschlossen – anfangen
g) stattfinden – Konzert – geöffnet – Veranstaltung – anfangen

Nach Übung 16 im Kursbuch

15. Wann? Wie lange?

~~bis 1.00 Uhr~~ vier Tage morgens zwei Jahre von 9.00 bis 17.00 Uhr
~~um 20.00 Uhr~~ heute morgen zwischen 5.00 und 6.00 Uhr bis 3.00 Uhr
abends zwei Monate mittags am Mittwoch bis Mittwoch morgen um halb acht

Wann?		Wie lange?	
um 20.00 Uhr	Pause machen	*bis 1.00 Uhr*	Pause machen
___________	Zeit haben	___________	Zeit haben
…	arbeiten	…	arbeiten
	geöffnet sein		geöffnet sein
	stattfinden		warten
	anfangen		

Nach Übung **17** im Kursbuch

16. Wann fahren die Züge?

Deutsche Bahn

Frankfurt – Dresden			Hamburg – Berlin			Stuttgart – München		
ab	Zug	an	ab	Zug	an	ab	Zug	an
07.20	ICE 1555	11.47	08.08	ICE 1517	10.14	09:58	IC 2295	12.18
08.09	ICE 1501	12.48	11.08	EC 175	13.31	10:12	ICE 513	12.25

Lübeck – Rostock			Münster – Bremen			Kiel – Flensburg		
ab	Zug	an	ab	Zug	an	ab	Zug	an
09.03	RE 11609	10.54	18.56	EC 100	20:11	17.41	RE 11526	18.52
18.03	RE 33415	19.57	20.56	EC 6	22:15	20.41	RE 11532	21:52

a) Der ICE 1555 fährt um sieben Uhr zwanzig in Frankfurt ab und ist um elf Uhr siebenundvierzig in Dresden.
b) Der ICE 1501 fährt um …
c) Der ICE 1517 fährt um …
…

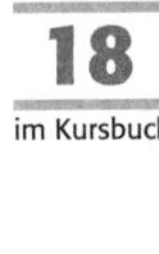

17. Schreiben Sie Dialoge.

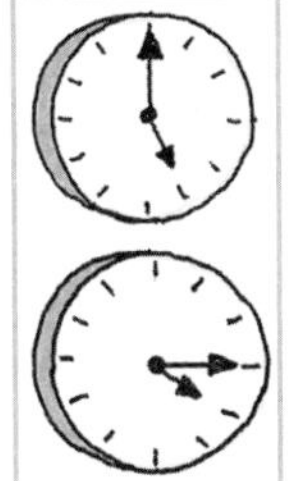

● *Komm, wir müssen gehen! Das Kino fängt um fünf Uhr an.*
■ *Wir haben noch Zeit. Es ist erst Viertel nach vier.*

a) Gymnastik b) Vortrag c) Fotokurs d) Tennisspiel e) Tanzveranstaltung f) Diskothek

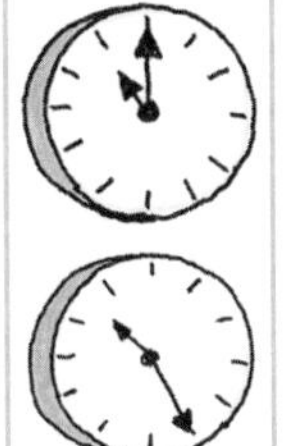

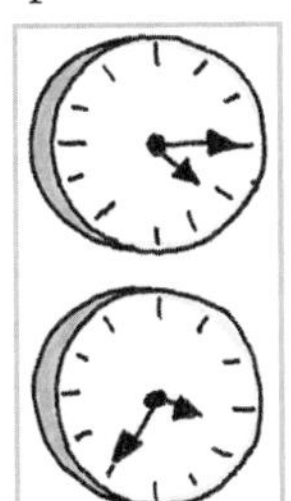

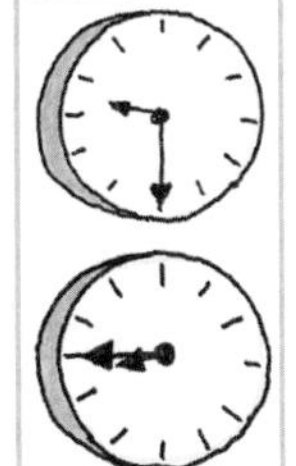

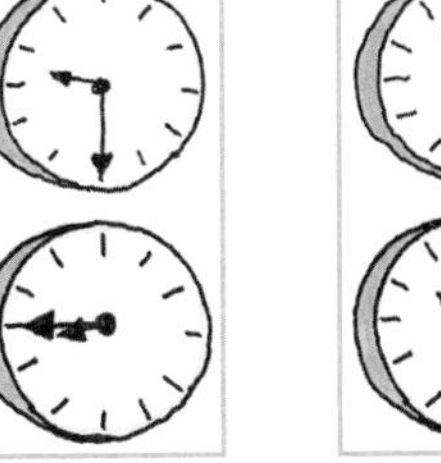

Nach Übung 20 im Kursbuch

18. Ordnen Sie die Antworten.

Ich habe keine Lust! Tut mir leid, das geht nicht! Ich weiß noch nicht! Gut! Ich mag nicht! Vielleicht! Gern! Na gut! Leider nicht! Kann sein! In Ordnung! ~~Na klar!~~ Ich kann nicht! Ich habe keine Zeit! Die Idee ist gut!

ja	nicht ja und nicht nein	nein
Na klar!		

Nach Übung 20 im Kursbuch

19. „Wann?", „wie lange?", „wie spät?", „wie oft?", „wie viel?" / „wie viele?". Fragen Sie.

a) *Um acht Uhr* stehe ich meistens auf.
b) Ich trinke morgens *vier Tassen* Kaffee.
c) Ich gehe *zweimal pro Monat* schwimmen.
d) Meine Wohnung kostet *470 Euro pro Monat*.
e) Ich wohne schon *vier Jahre* in Erfurt.
f) Es ist schon *vier Uhr*. Ich muss jetzt gehen.
g) Ich sehe abends *bis elf Uhr* fern.
h) Ich rauche *nur abends*.
i) Ich bin *von Freitag bis Sonntag* in Köln.
j) Ich mache *jedes Jahr* eine Reise.
k) Ihre Wohnung hat *drei* Zimmer.

Nach Übung 20 im Kursbuch

20. Schreiben Sie einen Dialog.

Warum fragst du? Tut mir leid, ich muss heute arbeiten. Schade. Und morgen Nachmittag? Ich möchte gern schwimmen gehen. Kommst du mit? Sag mal, Hans, hast du heute Nachmittag Zeit? Ja, gern. Da kann ich.

21. Ergänzen Sie.

Nach Übung 22 im Kursbuch

nachmittags	abends	morgen Mittag	morgen Nachmittag	morgen Abend	morgen früh	morgens	mittags

a) ____________ um zwanzig Uhr gehe ich ins Kino. Es gibt einen Film mit Gary Cooper.
b) Ich stehe ____________ immer sehr früh auf.
c) ____________ um sechzehn Uhr gehe ich mit Bärbel einkaufen.
d) Ich arbeite nur morgens, ____________ habe ich meistens frei.
e) Ich gehe spät schlafen. Ich sehe ____________ oft bis 23 Uhr fern.
f) ____________ muss ich um sieben Uhr aufstehen. Ich möchte mit Sibylle zusammen frühstücken.
g) ____________ haben wir immer von zwölf bis vierzehn Uhr Pause. Dann gehe ich meistens nach Hause und koche etwas.
h) ____________ muss ich nicht kochen. Ich gehe mit Jens um zwölf Uhr essen.

22. „Da" hat zwei Bedeutungen. Welche Bedeutung hat „da" in den Sätzen a–f?

Nach Übung 22 im Kursbuch

Wo? → Da! („da“ = Ort)   Wann? → Da! („da“ = Zeitpunkt)

a) Der Gasthof Niehoff ist sehr gut. Da kann man fantastisch essen.
b) Um 20 Uhr gehe ich mit Monika tanzen. Da habe ich leider keine Zeit.
c) Das Schwimmbad ist sehr schön. Da kann man gut schwimmen.
d) Der Supermarkt „Harms“ ist billig. Da kann man gut einkaufen.
e) Montagabend kann ich nicht. Da gehe ich mit Vera essen.
f) ● Was machst du morgen Abend? ■ Da gehe ich ins Konzert.

	Satz a)	Satz b)	Satz c)	Satz d)	Satz e)	Satz f)
„da“ = Ort						
„da“ = Zeitpunkt						

23. „Können" oder „müssen"? Was passt?

Nach Übung 22 im Kursbuch

a) Herr Werner ________ morgens nach Frankfurt fahren, denn er arbeitet in Frankfurt und wohnt in Hanau.
b) Frau Herbst ________ heute leider nicht ins Kino gehen. Sie hat Gäste und ________ kochen.
c) Petra ________ die Wohnung nicht nehmen. Denn 360 Euro ________ sie nicht bezahlen.
d) Willi Rose ist Kellner. Er ________ schon um sechs Uhr aufstehen.
e) Gerd hat heute frei. Er ________ nicht um sieben Uhr aufstehen. Er ________ bis zehn Uhr schlafen.
f) Frau Herbst ________ nur nachmittags einkaufen gehen, denn morgens ________ sie arbeiten.
g) Im Gasthof Niehoff ________ man bis 22 Uhr abends essen.

Nach Übung **24** im Kursbuch

24. Was passt nicht?

a) Tschüs – Herzliche Grüße – Guten Tag – Sonntag – Herzlich willkommen – Guten Abend
b) Zimmer – Raum – Wohnung – Haus – Situation
c) Brief – Ansichtskarte – schreiben – lesen – hören
d) Ski fahren – abfahren – Tennis spielen – Fußball spielen – Rad fahren – spazieren gehen
e) heute – morgens – abends – nachmittags – mittags
f) nie – groß – oft – immer – meistens
g) wann? – wie lange? – wo? – wie oft? – wie spät?

Nach Übung **25** im Kursbuch

25. „Können" (1), „können" (2) oder „dürfen"?

„können" (1):

Er kann nicht Ski fahren.
Er lernt Ski fahren.

„können" (2):

Sie kann diese Woche nicht Ski fahren.

Hier kann sie nicht Ski fahren.
Es gibt keinen Schnee.

a) Hier ______________ ( )
man nicht schwimmen.

b) Er ______________ ( )
noch nicht gehen.

c) Sie ______________ ( )
nicht ins Kino gehen.

d) Er ______________ ( )
nicht schwimmen.

e) Hier ______________ ( )
sie nicht parken.

f) Hier ______________ ( )
man essen.

26. Was stimmt hier nicht? Vergleichen Sie Text und Bild.

Nach Übung **25** im Kursbuch

a) 10.00 Uhr

b) 11.30 Uhr

c) 12.30 Uhr

d) 13.00 Uhr

e) 14.00 Uhr

f) 17.00 Uhr

g) 23.00 Uhr

h) 1.00 Uhr

Grömitz, 4. 8. 02

Lieber Mathias,
die Zeit hier ist nicht sehr schön. Ich stehe schon um sieben Uhr auf und gehe morgens spazieren. Man kann hier nicht viel machen: nicht schwimmen, nicht Tischtennis spielen, und man trifft keine Leute. Es gibt auch kein Kino, keine Bar und keine Diskothek. Ich esse hier fast nichts, denn das Essen schmeckt nicht gut. Nachmittags lese ich Bücher oder ich schreibe Briefe. Abends sehe ich meistens fern und gehe schon um neun Uhr schlafen.

Herzliche Grüße

deine Babsi

A. Schreiben Sie.

	Was macht Babsi?	Was schreibt Babsi?
a)	*Sie steht erst um zehn Uhr auf.*	*Ich stehe schon um sieben Uhr auf.*
b)	*Um halb zwölf spielt sie*	*Ich gehe*
c)	…	

B. Schreiben Sie jetzt den Brief richtig.

Grömitz, 4. 8. 02

Lieber Mathias,
die Zeit hier ist fantastisch. Ich stehe erst …

LEKTION 5

Wortschatz

Verben

anrufen 62
aussehen 60
baden 58, 68
bauen 63
buchen 67
diskutieren 66
einziehen 62
finden 60
gucken 61
herstellen 65
informieren 65
leihen 67
liegen 18, 62
schauen 60, 61
suchen 63, 66
tun 65
umziehen 58
verbieten 65
verdienen 62
wollen 63

Nomen

s Appartement, -s 65
r Aufzug, ¨e 62
s Bad, ¨er 57, 58
r Balkon, -e/-s 57, 58, 62
s Dach, ¨er 62, 65
s Ehepaar, -e 62
s Einkommen, - 63
s Ende 66
s Erdgeschoss, -e 62, 67
e Erlaubnis 65
e Familie, -n 63
s Fenster, - 58, 65
r Flur, -e 57, 58, 59
r Fußboden, ¨ 62
e Garage, -n 62
e Garderobe, -n 59
r Garten, ¨ 62
s Glück 63
s Hochhaus, ¨er 66
r Hof, ¨e 65
s Hotel, -s 67
e Industrie, -n 67
e Insel, -n 67
r Keller, - 57, 62, 67
r Kiosk, -e 67
r Komfort 62
r Krach 65
r Lärm 66
s Leben, - 61
e Miete, -n 62, 65, 66, 67
r Mietvertrag, ¨e 62, 65
e Mutter, ¨ 61
r Nachbar, -n 65
e Natur 67
e Nummer, -n 58
r Quadratmeter, - 62
r Raum, ¨e 58
s Reisebüro, -s 67
e Rezeption 67
e Ruhe 67
s Schlafzimmer, - 57, 58
r Schreibtisch, -e 59
r Sessel, - 59
e Sonne, -n 67
r Spiegel, - 59
r Stock, -werke 62
r Strand, ¨e 67
r Streit, Streitigkeiten 65
e Stunde, -n 62, 63
e Telefonzelle, -n 67
r Teppich, -e 59
e Terrasse, -n 57, 62, 65
e Toilette, -n 62
r Urlaub 67
s Urteil, -e 65
r Vermieter, - 65
r Vogel, ¨ 65
r Vorhang, ¨e 59
r Wagen, - 67
r Wald, ¨er 67
e Ware, -n 65
s WC, -s 62
e Wiese, -n 67
e Woche, -n 58, 62
s Wohnzimmer, - 57, 58
s Zimmer, - 58

Adjektive

direkt 67
fest 62
frei 61
glücklich 61, 66
günstig 63
hässlich 60
herzlich 66
interessant 32, 68
privat 62, 67
ruhig 62
sauber 67
schlecht 63
schön 58, 61
teuer 60
willkommen 62
zufrieden 58, 66

Adverbien

bald 66
draußen 65
eigentlich 63
endlich 66
nachts 65
sogar 58
vorher 65
ziemlich 58

Funktionswörter

ab 62
alles 66
an 65
auf 65
außerhalb 63
beide, beides 63
für 59, 61
gar nicht 66
in 65
niemand 63
ohne 62, 65
trotzdem 63
unser 67
was für 62
zu *mit Adjektiv* 60

Ausdrücke und Abkürzungen

m^2 r Quadratmeter, - 62
okay 66
Platz haben 66
Ruhe finden 67
zu Hause 61

Grammatik

Indefinitpronomen (§ 13)

			Nominativ		*Akkusativ*	
Maskulinum	Ich brauche	einen Schrank.	Hier ist	einer. keiner.	Ich habe	einen. keinen.
Femininum	Ich brauche	eine Kommode.	Hier ist	eine. keine.	Ich habe	eine. keine.
Neutrum	Ich brauche	ein Bett.	Hier ist	eins. keins.	Ich habe	eins. keins.
Plural	Ich brauche	Bilder.	Hier sind	welche. keine.	Ich habe	welche. keine.

Wo? (§ 3, 16a und 44)

	in	an	auf
der Bungalow mein Bungalow Ihr Bungalow	im Bungalow in meinem Bungalow in Ihrem Bungalow	am Bungalow an meinem Bungalow an Ihrem Bungalow	auf dem Bungalow auf meinem Bungalow auf Ihrem Bungalow
die Garage meine Garage Ihre Garage	in der Garage in meiner Garage in Ihrer Garage	an der Garage an meiner Garage an Ihrer Garage	auf der Garage auf meiner Garage auf Ihrer Garage
das Haus mein Haus Ihr Haus	im Haus in meinem Haus in Ihrem Haus	am Haus an meinem Haus an Ihrem Haus	auf dem Haus auf meinem Haus auf Ihrem Haus

Nach Übung 3 im Kursbuch

1. Ergänzen Sie.

a) *schlafen* + *das Zimmer* → das Schlafzimmer
b) ______ + ______ → das Wohnzimmer
c) ______ + ______ → der Schreibtisch
d) ______ + ______ → die Waschmaschine
e) ______ + ______ → der Fernsehapparat
f) waschen + das Becken → ______
g) braten + die Wurst → ______
h) stecken + die Dose → ______

i) j) k) l) ⚠ m) ⚠

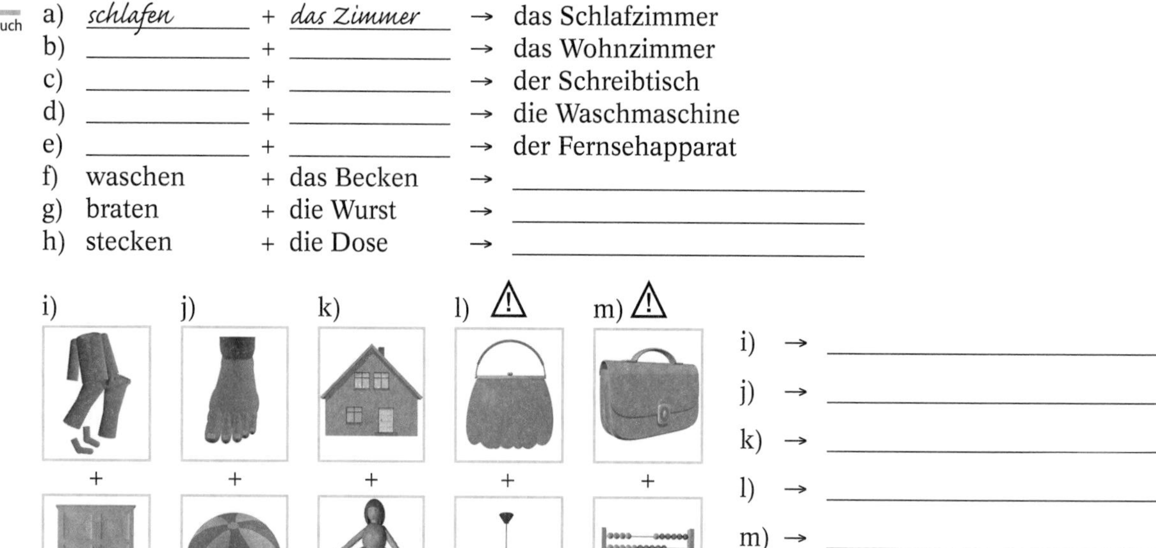

i) → ______
j) → ______
k) → ______
l) → ______
m) → ______

Nach Übung 3 im Kursbuch

2. Bilden Sie Sätze.

a) Lampe → Flur / Schlafzimmer
Die Lampe ist nicht für den Flur, sondern für das Schlafzimmer.
...

b) Waschmittel → Waschmaschine / Geschirrspüler

c) Spiegel → Bad / Garderobe

d) Radio → Wohnzimmer / Küche

e) Stühle → Küche / Balkon

f) Topf → Mikrowelle / Elektroherd

g) Batterien → Taschenlampe / Radio

Nach Übung 4 im Kursbuch

3. Was passt nicht?

a) Sessel – Teppich – Tisch – Schreibtisch
b) Schlafzimmer – Bad – Spiegel – Flur
c) Elektroherd – Waschmaschine – Fenster – Kühlschrank
d) Sessel – Stuhl – Bett – Lampe
e) schön – zufrieden – gut – fantastisch
f) fernsehen – Wohnung – neu – umziehen

4. Schreiben Sie Dialoge.

Nach Übung 4 im Kursbuch

- ● Gibt es hier ein Restaurant?
- ■ Nein, hier gibt es keins.
- ● Wo gibt es denn eins?
- ■ Das weiß ich nicht.

a) Post

- ● *Gibt es hier eine Post?*
- ■ *Nein, hier*
- ● *Wo*
- ■ *Das weiß*

b) Bibliothek

- ● *Gibt*
- ■ *Nein,*
- ● *Wo*
- ■ *Das*

c) Café d) Telefon e) Automechaniker f) Bäckerei g) Gasthof h) Supermarkt

5. „Welch-" im Plural (A) oder Singular (B)? Schreiben Sie Dialoge.

Nach Übung 4 im Kursbuch

A.

- ● Ich brauche noch Eier.
  Haben wir noch welche?
- ■ Nein, es sind keine mehr da.

B.

- ● Ich möchte noch Wein. / Suppe. / Obst.
  Haben wir noch welchen?/ welche?/ welches?
- ■ Nein, es ist keiner/keine/keins mehr da.

Lesen Sie die Dialogmodelle A und B. Schreiben Sie dann selbst Dialoge. Wählen Sie das richtige Dialogmodell.

a) Äpfel

- ● *Ich brauche noch Äpfel.*
  Haben
- ■ *Nein,*

b) Soße

- ● *Ich möchte noch Soße.*
  Haben
- ■ *Nein,*

c) Zwiebeln	f) Tomaten	i) Fleisch	l) Früchte	o) Salat
d) Eis	g) Kartoffeln	j) Tee	m) Gewürze	p) Suppe
e) Saft	h) Gemüse	k) Marmelade	n) Öl	q) Obst

Nach Übung 4 im Kursbuch

6. Ergänzen Sie.

● Peter hat morgen Geburtstag. Was meinst du, was können wir kaufen? Eine Uhr?
■ Das geht nicht. Seine Frau kauft schon eine.

a) ● ______________ Kamera? ■ Das geht nicht. Er hat schon ______________ .
b) ● ______________ Taschenlampe? ■ Das geht nicht. Er braucht ______________ .
c) ● ______________ Zigaretten? ■ Das geht nicht. Er braucht ______________ . Er raucht doch nicht mehr.
d) ● ______________ Geschirr? ■ Das geht nicht. Er hat schon ______________ .
e) ● ______________ Handy? ■ Das geht nicht. Er hat schon ______________ .
f) ● ______________ Wein? ■ Das geht nicht. Maria kauft schon ______________ .
g) ● ______________ Filme? ■ Das geht nicht. Karl kauft schon ______________ .
h) ● ______________ Radio? ■ Die Idee ist gut. Er hat noch ______________ .

Nach Übung 4 im Kursbuch

7. Ihre Grammatik. Ergänzen Sie.

der	ein kein	Herd Herd Wein	*einer* *keiner* *welcher*	einen keinen	Herd Herd Wein	______ ______ ______
die	eine keine	Lampe Lampe Butter	______ ______ ______	eine keine	Lampe Lampe Butter	______ *keine* ______
das	ein kein	Bett Bett Öl	*eins* ______ ______	ein kein	Bett Bett Öl	______ ______ *welches*
die (Pl.)	keine	Eier Eier	______ ______	keine	Eier Eier	______ ______

Nach Übung 6 im Kursbuch

8. Schreiben Sie.

● Ist der Schrank neu?
■ Nein, der ist alt.
● Und die Lampe?
■ Die ist neu.

a) Sessel – Stühle
● *Sind die Sessel neu?* ______________
■ *Nein, die* ______________
...

b) Regal – Schrank
c) Waschmaschine – Kühlschrank
d) Schreibtisch – Stuhl
e) Garderobe – Spiegel
f) Kommode – Regale
g) Bett – Lampen

9. Ergänzen Sie.

Nach Übung 6 im Kursbuch

● Was brauchen wir?

a)	■ Ein Radio.	▲ *Das* ______	kann ich mitbringen.
b)	■ Kaffee.	▲ ______	brauchen wir nicht.
c)	■ Brot.	▲ ______	hole ich.
d)	■ Gläser.	▲ ______	habe ich.
e)	■ Teller.	▲ ______	bringe ich mit.
f)	■ Geschirr.	▲ ______	ist schon da.
g)	■ Stühle.	▲ ______	habe ich.
h)	■ Butter.	▲ ______	kaufe ich ein.
i)	■ Bier.	▲ ______	bringe ich mit.
j)	■ Salat.	▲ ______	mache ich.
k)	■ Wein.	▲ ______	haben wir schon.
l)	■ Mineralwasser.	▲ ______	kaufe ich.
m)	■ Zigaretten.	▲ ______	wollen wir nicht.

10. Ihre Grammatik. Ergänzen Sie.

Nach Übung 6 im Kursbuch

a)			b)		
Der Flur,	*der* ______	… ist hier.	Den Flur,	______	… sehe ich.
Die Lampe,	______		Die Lampe,	______	
Das Bett,	______		Das Bett,	______	
Die Möbel,	______	… sind hier.	Die Möbel,	______	

11. Schreiben Sie einen Dialog.

Nach Übung 9 im Kursbuch

~~Du, ich habe jetzt eine Wohnung.~~

Und wie viele Zimmer hat sie?

Hast du auch schon Möbel?

Zwei Zimmer, eine Küche und ein Bad.

Ja, ich habe schon viele Sachen.

Fantastisch! Den nehme ich gern.

Sehr schön. Ziemlich groß und nicht zu teuer.

Ich habe noch einen Küchentisch. Den kannst du haben.

Toll! Wie ist sie denn?

● *Du, ich habe jetzt eine Wohnung.*

■ *Toll! Wie* ______

● …

Nach Übung 9 im Kursbuch

12. Schreiben Sie einen Brief.

Tübingen, 2. Mai 2002

Liebe Tante Irmgard,

wir haben jetzt eine Wohnung in Tübingen. Sie hat zwei Zimmer, ist hell und ziemlich billig. Möbel für die Küche haben wir schon, aber noch keine Sachen für das Wohnzimmer. Einen Schrank für das Schlafzimmer brauchen wir auch noch. Hast du einen? Oder hast du vielleicht noch Stühle? Schreib bitte bald!

Viele liebe Grüße

Sandra

____

Lieb ______________
ich ______________
Sie hat ______________
Sie ist ______________
Ich habe schon ______________
aber ich brauche noch ______________
____

Wohnung	3 Zimmer	Schrank		
Garderobe	Bad	Lampe	Küche	
Herd	hell	schön	klein	teuer

Nach Übung 11 im Kursbuch

13. Was passt?

a) Wohnort, Name, Straße, Postleitzahl, Vorname: *Adresse*
b) Bad, Wohnzimmer, Flur, Küche, Schlafzimmer: ______________
c) Keller, Erdgeschoss, 1. Stock, 2. Stock: ______________
d) Stunde, Tag, Woche, Monat: ______________
e) Mutter, Vater, Kinder, Eltern: ______________

Nach Übung 12 im Kursbuch

14. Welches Verb passt?

bauen	verdienen	anrufen	kontrollieren	suchen	werden

a) ein Haus eine Garage eine Sauna ______________
b) die Heizung den Aufzug die Batterien ______________
c) eine Wohnung ein Zimmer den Fehler ______________
d) Geld sehr viel zu wenig ______________
e) einen Freund den Arzt Johanna ______________
f) Vater schlank Lehrer ______________

15. Was passt zusammen? Bilden Sie Sätze.

Nach Übung 12 im Kursbuch

eigentlich	aber
a) nicht arbeiten b) einen Freund anrufen c) ein Haus kaufen d) nicht einkaufen gehen e) nicht umziehen	sie findet keins ihr Kühlschrank ist leer ihre Wohnung ist zu klein ihr Telefon ist kaputt ~~sie muss Geld verdienen~~

a) *Eigentlich möchte Veronika nicht arbeiten, aber sie muss Geld verdienen.*
Veronika möchte eigentlich nicht arbeiten, aber sie muss Geld verdienen.

b) …

16. Welches Wort passt?

Nach Übung 12 im Kursbuch

über	etwa	unter	zwischen	etwa	unter	von … bis …

a) Hier gibt es Sonderangebote: alle Kassetten ______________ sechs Euro.
b) Der Sessel kostet ______________ 300 Euro. Ich weiß es aber nicht genau.
c) Hier gibt es Spiegel ______________ 20 ______________ 50 Euro.
d) ______________ 18 Jahren bekommt man in Gasthäusern keinen Alkohol.
e) Die Miete für Häuser in Frankfurt liegt ______________ 500 und 3000 Euro pro Monat.
f) Ich komme ______________ um 6 Uhr.
g) ______________ 300 Euro kann ich nicht bezahlen. Das ist zu viel.

17. Ihre Grammatik. Ergänzen Sie.

Nach Übung 12 im Kursbuch

a) Sie möchten gern bauen.
b) Sie möchten gern ein Haus bauen.
c) Sie möchten gern in Frankfurt ein Haus bauen.
d) In Frankfurt möchten sie gern ein Haus bauen.
e) Eigentlich möchten sie gern in Frankfurt ein Haus bauen.
f) Warum bauen sie nicht in Frankfurt ein Haus?

	Vorfeld	$Verb_1$	Subj.	Angabe	Ergänzung	$Verb_2$
a)	*Sie*	*möchten*				
b)						
c)						
d)						
e)						
f)						

Nach Übung 12 im Kursbuch

18. Was ist richtig?

a) Wir möchten ein Haus
A kaufen.
B brauchen.
C bauen.

b) Ich finde die Wohnung nicht teuer, sie ist sogar
A ziemlich wenig.
B ziemlich günstig.
C ziemlich billig.

c) Das Haus kostet
A wenig.
B viel.
C teuer.

d) Ich glaube, wir haben kein Glück, aber wir suchen
A nicht weiter.
B trotzdem weiter.
C denn weiter.

e) Ihre Kinder heißen Jan und Kerstin. Ich kenne
A sie.
B beide.
C zwei.

f) Die Wohnung ist leer. Da ist
A niemand.
B jemand.
C kein Mensch.

g) Die Wohnung liegt nicht
A günstig,
B zufrieden,
C alt,
aber sie ist ziemlich billig.

h) Möchten Sie den Tee mit Milch oder
A ohne?
B gern?
C für?

Nach Übung 12 im Kursbuch

19. Lesen Sie den Text im Kursbuch Seite 63.

A. Ergänzen Sie den Text.

Familie Höpke ____________ in Steinheim. Ihre Wohnung ____________ nur drei Zimmer. Das ist zu ____________, denn die ____________ möchten beide ein ____________. Die Wohnung ist nicht ____________ und auch ____________ teuer. Aber Herr Höpke ____________ in Frankfurt. Er muss morgens und ____________ immer über eine ____________ fahren. Herr Höpke ____________ in Frankfurt wohnen, aber dort ____________ die ____________ zu teuer. So viel Geld kann er für die Miete nicht ____________. Aber Höpkes ____________ weiter. ____________ haben sie ja Glück.

B. Schreiben Sie einen ähnlichen Text.

Familie Wiegand wohnt in ____________

Nach Übung 17 im Kursbuch

20. Was ist Nummer ...?

1 *das Dach*
2 ____________
3 ____________
4 ____________
5 ____________
6 ____________
7 ____________
8 ____________
9 ____________
10 ____________
11 ____________
12 ____________
13 ____________

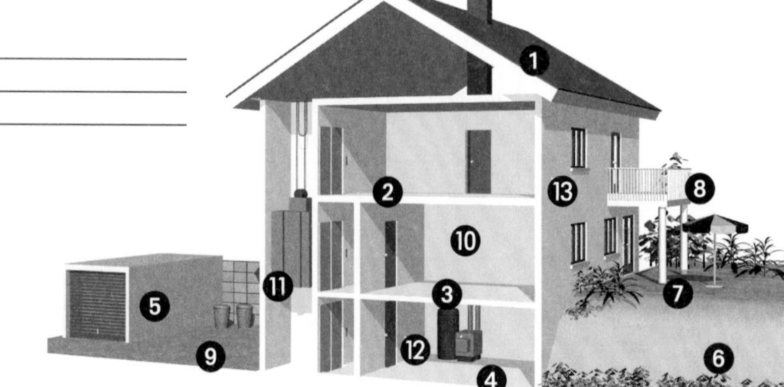

21. „Haben" oder „machen"? Was passt?

Nach Übung **18** im Kursbuch

a) Glück __________ c) Lärm __________ e) Zeit __________ g) Platz __________
b) Krach __________ d) Lust __________ f) Ordnung __________ h) Streit __________

22. Ergänzen Sie.

Nach Übung **18** im Kursbuch

> Ap – barn – Dach – de – ~~Er~~ – fort – gel – haus – Hoch – Hof – Kom – Krach – Lärm – ~~laub~~ – ment – Mi – Mie – mie – Nach – ~~nis~~ – nu – par – Platz – Streit – te – te – ten – ter – Ver – Vö – Wän

a) Es ist nicht verboten, wir haben die *Erlaubnis* __________.
b) Auf dem Haus ist das __________.
c) Eine Stunde hat 60 __________.
d) Dort kann man wohnen: __________ und __________.
e) Hier spielen die Kinder manchmal: __________.
f) Auch ein Ehepaar hat manchmal __________.
g) Die Miete bekommt der __________.
h) Beide Familien wohnen im zweiten Stock, sie sind __________.
i) Ein Zimmer hat vier __________.
j) Beide Kinder haben ein Zimmer, wir haben viel __________.
k) Eine Wohnung mit __________ ist teuer.
l) Die Wohnung kostet 370 Euro __________ pro Monat.
m) Das ist sehr laut und stört die Nachbarn: __________ und __________.

23. „In", „an", „auf" + Dativ. Ergänzen Sie Präposition und Artikel.

Nach Übung **18** im Kursbuch

a) Hier siehst du Ulrich __________ d__________ Sauna und __________ d__________ Toilette.
b) Und hier ist er __________ sein__________ Zimmer __________ Fenster.
c) Hier ist Ulrich __________ d__________ Küche __________ sein__________ Kinderstuhl.
d) Und hier ist er __________ d__________ Wohnung von Frau Haberl, __________ ihr__________ Keller und __________ ihr__________ Terrasse.
e) Hier siehst du Ulrich zu Hause __________ d__________ Balkon und __________ Herd.
f) Hier sind wir mit Ulrich __________ ein__________ Gasthof.
g) Und da spielt er __________ d__________ Garagendach.
h) Und hier ist er __________ Telefon, er ruft seine Oma an.

Nach Übung 18 im Kursbuch

24. Was passt hier?

a) Wann bekommen wir ____________ das Geld? Wir warten schon drei Wochen.
A bald B vorher C endlich

b) Ich finde die Wohnung ____________ schön, sie ist sogar ziemlich hässlich.
A genug B zuerst C gar nicht

c) Das Appartement ist ziemlich groß und kostet ____________ .
A wenig B billig C günstig

d) Ein Haus ist viel zu teuer, das kann ja ____________ bezahlen.
A niemand B jeder C jemand

e) Sie können manchmal feiern, aber Sie müssen ____________ die Nachbarn informieren.
A sonst B vorher C gerne

f) Eine Lampe für 15 Euro und eine sogar für 10! Das ist billig, ich nehme ____________ .
A gern B beide C zusammen

g) Ich arbeite 8 Stunden, ____________ 7 ____________ 15 Uhr.
A um … und bis … B zwischen … und … C von … bis …

h) Wir gehen nicht spazieren, es ist ziemlich kalt ____________ .
A sonst B draußen C etwa

i) Manchmal bin ich ____________ gar nicht müde, dann lese ich.
A ohne B nachts C ziemlich

j) ____________ trinke ich immer Tee, aber heute möchte ich Kaffee.
A Sonst B Vorher C Endlich

Nach Übung 18 im Kursbuch

25. Welches Modalverb passt? Ergänzen Sie „können", „möchten", „müssen".

- ● Sie __________ doch jetzt nicht mehr feiern!
- ■ Und warum nicht? Ich __________ morgen nicht arbeiten und __________ lange schlafen.
- ● Aber es ist 22 Uhr. Wir __________ schlafen, wir __________ um sechs Uhr aufstehen.
- ■ Und wann __________ ich dann feiern? Vielleicht mittags um zwölf? Da hat doch niemand Zeit, da __________ doch niemand kommen.
- ● Das ist Ihr Problem. Jetzt __________ Sie leise sein, sonst holen wir die Polizei.

26. Was passt zusammen? Lesen Sie vorher den Text im Kursbuch auf Seite 67.

Nach Übung 20 im Kursbuch

A	Urlaub auf Hiddensee
B	Autos dürfen
C	Die Insel
D	Strände und Natur
E	Das Hotel
F	Hier kann man
G	Die Zimmer
H	Im Hotel gibt es

1	liegt direkt am Strand.
2	Ruhe finden.
3	sogar ein Reisebüro.
4	hier nicht fahren.
5	haben viel Komfort.
6	sind noch ziemlich sauber.
7	ist ein Naturschutzgebiet.
8	ist ein Erlebnis.

A	
B	
C	
D	
E	
F	
G	
H	

27. Ergänzen Sie.

Nach Übung 20 im Kursbuch

Industrie Natur
Hotel Urlaub

a) Wald, Wiese, Vögel: ______________________
b) herstellen, Export, Maschinen: ______________________
c) Zeit haben, Sonne, Meer: ______________________
d) Information, Rezeption, Zimmer: ______________________

28. Schreiben Sie einen Brief.

Nach Übung 20 im Kursbuch

A. Hanne macht Urlaub auf der Insel Rügen. Sie ist nicht zufrieden. Sie schreibt eine Karte an Margret. Lesen Sie die Karte.

Liebe Margret,
viele Grüße von der Insel Rügen. Ich bin jetzt schon zwei Wochen hier, aber der Urlaub ist nicht sehr schön. Das Hotel ist laut, es ist nicht sauber, und wir haben keinen Komfort. Die Zimmer sind hässlich und teuer, und das Essen schmeckt nicht besonders gut. Die Diskothek ist geschlossen und das Hallenbad auch.
Ich kann eigentlich nur spazieren gehen, aber das ist auch nicht sehr schön, denn hier fahren ziemlich viele Autos, das stört.
Am Dienstag bin ich wieder zu Hause. *Viele Grüße, Hanne.*

Was findet Hanne nicht gut? Notieren Sie.

Hotel laut,
nicht ______________________
____
Zimmer ______________________
____
____
____
____
____
____

B. Schreiben Sie den Brief positiv. Ihr Urlaub ist schön, Sie sind zufrieden.

Liebe Margret,
viele Grüße von der Insel Rügen. Ich bin . . ., und der Urlaub ist fantastisch. Das Hotel . . .

Lektion 1

1. **a)** *heißen · heiße* **b)** heißt · ist **c)** ist · bin **d)** Sind · bin **e)** bist · heiße **f)** sind

2. **b)** Das bin ich. **c)** Mein Name ist Koch. / Ich heiße Koch. **d)** Nein, mein Name ist Beier. / Nein, ich heiße Beier. **e)** Ich heiße Paul. / Mein Name ist Paul.

3. **a)** *ist* · bin · sind · ist **b)** t · e · ist **c)** en · e · ist **d)** e · bist · ist

4.

	ich	du	Sie	mein Name / wer?
sein	*bin*	bist	sind	ist
heißen	heiße	heißt	heißen	

5. Situation A: Dialog c); Situation B: Dialog e); Situation C: Dialog a); Situation D: Dialog b); Situation E: Dialog d)

6. **a)** *Wie heißen Sie?* Mein Name ist Müller. **b)** Wer ist Frau Beier? Das bin ich. **c)** Sind Sie Herr Lüders? Nein, ich heiße Röder. **d)** Wie heißt du? Ich heiße Ingrid. **e)** Wie geht es Ihnen? · Es geht **f)** Wie geht es dir? · Danke, gut! · Und dir? · Danke, auch gut!

7. **b)** dein Name **c)** Wie geht es Ihnen? **d)** wo? **e)** Herr Farahani **f)** Familienname **g)** Ihre Telefonnummer **h)** Danke schön!

8. **a)** *Wie* heißen Sie? · Wie ist Ihr Vorname? · Wo wohnen Sie? · Wie ist Ihre Adresse? · Wie ist Ihre Telefonnummer? / Und wie ist Ihre Telefonnummer?
b) *Wie* heißt du? · Wie ist dein Familienname? · Wo wohnst du? · Wie ist deine Adresse? · Wie ist deine Telefonnummer? / Und wie ist deine Telefonnummer?

9. **1** Familienname **2** Vorname **3** Straße **4** Wohnort **5** Adresse **6** Telefonnummer

10. **a)** Wie **b)** Wo **c)** Wie **d)** Wie **e)** Wie **f)** Wer **g)** Wie **h)** Wer

11. **a)** siebenundvierzig **b)** achtundachtzig **c)** einunddreißig **d)** neunzehn **e)** dreiunddreißig **f)** zweiundfünfzig **g)** dreizehn **h)** einundzwanzig **i)** fünfundfünfzig **j)** dreiundneunzig **k)** vierundzwanzig **l)** sechsundsechzig **m)** siebzehn **n)** fünfundneunzig

12. **a)** We Ee eS – Ka eN zweiundfünfzig **b)** Ce eL Pe – Jot Ypsilon vierunddreißig **c)** Zet We – Aa eS siebenundzwanzig **d)** eF u-Umlaut – iX Te achtundvierzig **e)** eS Ha Ge – Ii Ce einundsiebzig **f)** Te Be Be – Ka eM dreiundachtzig **g)** Be Oo eR – Qu Uu fünfundneunzig **h)** eM Te Ka – Ka eR siebzehn **i)** Aa Uu eR – Vau Ypsilon neunundsechzig **j)** eL o-Umlaut – Ka Ge zwölf **k)** eF eF Be – Oo Te acht **l)** eR Oo We – eS Ypsilon neunzehn

13. **a)** Kersten **b)** Kersch **c)** Kersting **d)** Kerting **e)** Kersen **f)** Kerstelge **g)** Kerski

14. **b)** *Bitte* buchstabieren Sie langsam! **c)** Bitte spielen Sie Dialoge! **d)** Bitte lesen Sie! **e)** Bitte hören Sie noch einmal! **f)** Bitte ergänzen Sie! **g)** Bitte schreiben Sie Dialoge!

15. ● *Lehmann*
■ Hallo? Wer ist da, bitte?
● Lehmann.
■ Lehmann? Ist da nicht 77 65 43?
● Nein, meine Nummer ist 77 35 43.
■ Oh, Entschuldigung.
● Bitte, bitte. Macht nichts.

16. **a)** *Das ist Klaus-Maria Brandauer. Er wohnt in* Wien.
b) Das ist Veronica Ferres. Sie wohnt in München.
c) Das sind Doris Schröder-Köpf und Gerhard Schröder. Sie wohnen in Hannover.
d) Das ist Kurt Masur. Er wohnt in Leipzig.
e) Das ist Christa Wolf. Sie wohnt in Berlin.
f) Das ist Maximilian Schell. Er wohnt in Graz.

17. **a)** ● *Guten Tag. Mein Name ist Varga.*
■ *Und ich heiße Tendera.*
● *Woher* sind Sie?
■ *Ich bin* aus Italien. *Und Sie?*
● *Ich bin* aus Ungarn.

b) ● Guten Tag. Mein Name ist Farahani.
■ Und ich heiße Biro.
● Woher kommen Sie?
■ Ich komme aus Frankreich. Und Sie?
● Ich komme aus dem Iran. / … aus Iran.

c) ● Guten Tag. Ich bin die Sabine. / Ich heiße Sabine. / Mein Name ist Sabine.
■ Und ich heiße João. / Und ich bin der João.
● Woher bist du?
■ Ich bin aus Brasilien. Und du?
● Ich bin aus Österreich.

18. **a)** kommen / sein **b)** sein **c)** leben / studieren / wohnen / arbeiten / sein **d)** studieren **e)** spielen **f)** lernen / sprechen **g)** lernen **h)** heißen

19. **a)** ist · t · ist · t · t · ist · ist · t **b)** ist · sind · en · sind (kommen) · en **c)** ist · ist · Ist · t · et · t · ist · t **d)** sind · e · en · te · ist · bin

20.

	sie (Sabine)	er (Imre)	sie (João und Luiza)	Sie
sein	*ist*	ist	*sind*	sind
heißen	heißt	heißt	heißen	heißen
kommen	kommt	kommt	kommen	kommen
wohnen	wohnt	wohnt	wohnen	wohnen

21. **b)** Beruf **c)** Mädchen **d)** studieren **e)** Land **f)** Herr Röder **g)** schreiben **h)** aus **i)** Hobby **j)** Kind **k)** lesen

22. **a)** B **b)** B **c)** C **d)** A **e)** C **f)** A **g)** C **h)** A

23. **a)**

	Frau Wiechert	Herr Matter	Herr Baumer	Und Sie?
Vorname / Alter	*Angelika*	Gottfried	Klaus-Otto	...
Wohnort	Hamburg	Brienz	Vaduz	...
Beruf	Ingenieurin	Landwirt	Automechaniker	...
Familienstand	verheiratet	verheiratet	verwitwet	...
Kinder	zwei	vier	keine (?)	...
Hobbys	Lesen, Surfen	keine (?)	Reisen	...

b) *Das ist Angelika Wiechert. Sie* ist 34 Jahre alt und wohnt in Hamburg. *Frau Wiechert ist* Ingenieurin. *Sie ist* verheiratet *und hat* zwei Kinder. *Ihre Hobbys sind* Lesen und Surfen.
Das ist Gottfried Matter. Er ist 44 Jahre alt und wohnt in Brienz. Herr Matter ist Landwirt. Er ist verheiratet und hat vier Kinder.
Das ist Klaus-Otto Baumer. Er ist 53 Jahre alt und wohnt in Vaduz. Er ist Automechaniker und verwitwet. Sein Hobby ist Reisen.
Ich heiße ... (individuelle Lösung)

24. **a)** *Ich heiße Klaus-Otto Baumer und* bin Automechaniker. Ich wohne in Vaduz. Ich habe dort eine Autofirma. Ich bin 53 Jahre alt und verwitwet. Ich bin oft in Österreich und in der Schweiz. Dort kaufe und verkaufe ich Autos. Mein Hobby ist Reisen.
b) *Ich heiße Ewald Hoppe und* komme aus Polen. Ich wohne in Rostock. Ich bin 60 Jahre alt. Ich bin Elektrotechniker. Ich bin verheiratet, meine Frau heißt Irena. Ich habe zwei Kinder. Sie sind 24 und 20 Jahre alt.

25. **a)** schon · erst **b)** erst · schon **c)** erst · schon **d)** schon · schon **e)** schon · erst **f)** erst · schon **g)** schon · erst

26. **a)** *Wie bitte? Wer ist das?* **b)** *Wie bitte? Wie ist* ihr Vorname? **c)** *Wie bitte? Woher* kommt sie? **d)** *Wie bitte?* Wo wohnt sie? **e)** *Wie* bitte? Was studiert sie? **f)** Wie bitte? Was ist ihr Hobby?

27. **a)** Ist (*Herr Roberts*) (*Automechaniker*)? **b)** Heißt sie Heinemann? / Ist ihr Name Heinemann? **c)** Kommt (*Herr Roberts*) aus (*England*)? **d)** Ist er neu hier? **e)** Sind Sie Frau Röder? / Heißen Sie Röder? **f)** Ist hier noch frei? **g)** Reist (*Herr Baumer*) gern? **h)** Studiert (*Monika*) (*Chemie*)? **i)** Ist (*Herr Hoppe*) verheiratet? **j)** Woher kommt (*John Roberts*)? **k)** Was studiert (*Monika*)? **l)** Surfst du gern? / Surfen Sie gern? **m)** Ist (*Margot Schulz*) (*Sekretärin*)? **n)** Ist hier frei? / Ist hier noch frei? **o)** Wie ist Ihr Vorname? **p)** Wo wohnt Abdollah? **q)** Heißt er (*Juan*)? **r)** Wer ist das?

28. ● *Guten Morgen, ist hier noch frei?*
■ *Ja,* bitte schön. – Sind Sie neu hier?
● Ja, ich arbeite erst drei Tage hier.
■ Sind Sie aus England?
● Nein, aus Neuseeland.
■ Und was machen Sie hier?
● Ich bin Programmierer. Ich heiße John Roberts.
(auch andere Lösungen sind möglich!)

29. **a)** noch **b)** noch **c)** schon **d)** noch · schon **e)** noch · schon **f)** schon · noch **g)** noch · schon **h)** noch

30. **a)** st · est · est · bist (kommst) · e · st · bin (komme) · st · est · e
b) t · et · et · seid (kommt) · en · Seid · sind · t · et · en

31.

	ich	du	wir	ihr
studieren	*studiere*	studierst	studieren	studiert
arbeiten	arbeite	arbeitest	arbeiten	arbeitet
sein	bin	bist	sind	seid
heißen	heiße	heißt	heißen	heißt

32. **a)** Danke **b)** Bitte **c)** bitte · Danke **d)** Bitte · Danke · Bitte **e)** bitte **f)** bitte · Danke

33. **a)** C **b)** C **c)** A **d)** B **e)** B **f)** A **g)** C **h)** B **i)** A **j)** C **k)** B

34. ● *Hallo! Habt ihr Feuer?*
■ *Ja,* hier, bitte!
● Danke! Wartet ihr schon lange?
■ Ja.
● Woher seid ihr?
■ Wir sind aus Berlin. Und woher kommst du?
● Ich? Aus Stade.
■ Wo ist das denn?
● Bei Hamburg. Wohin möchtet ihr?
■ Nach Frankfurt. Und du?
● Nach Wien.

Lektion 2

1. **a)** *Elektroherd*, Stuhl, Topf, Mine, Kamera, Wasserhahn, Glühbirne
b) Kugelschreiber, Lampe, Waschbecken, Stecker, Batterie, Zahl
c) Steckdose, Taschenlampe, Tisch, Foto, Taschenrechner

2. **a)** der **b)** die **c)** der **d)** die **e)** der **f)** der **g)** der **h)** das **i)** die **j)** die **k)** die **l)** die **m)** der **n)** der **o)** das **p)** der

3. **a)** *der* Küchenschrank **b)** die Spüle **c)** das Küchenregal **d)** der Küchenstuhl / der Stuhl **e)** die Küchenlampe / die Lampe **f)** der Stecker **g)** der Elektroherd **h)** das Waschbecken **i)** die Steckdose **j)** die Mikrowelle **k)** der Wasserhahn **l)** der Küchentisch / der Tisch **m)** die Glühbirne **n)** der Geschirrspüler

4. **a)** sie **b)** Er **c)** Er **d)** Sie **e)** Sie **f)** Es **g)** Sie **h)** Sie **i)** Er

5. **a)** ein **b)** Das **c)** eine **d)** Die **e)** Der · ein · ein **f)** Der · der **g)** Die · – · die · eine **h)** Die · die

6. **a)** *Das ist ein Küchenschrank. Der Schrank hat drei Regale. Er kostet € 698,–.*
b) *Das ist* eine Spüle. Die Spüle hat zwei Becken. Sie kostet € 199,–.
c) Das ist ein Kochfeld. Das Kochfeld ist aus Glaskeramik. Es kostet € 489,–.
d) Das sind Küchenstühle. Die Stühle sind sehr bequem. Sie kosten € 185,–.
e) Das ist ein Elektroherd. Der Herd ist sehr modern. Er kostet € 987,–.
f) Das ist eine Mikrowelle. Die Mikrowelle hat 1000 Watt. Sie kostet € 568,–.
g) Das ist ein Geschirrspüler. Der Geschirrspüler hat fünf Programme. Er kostet € 849,–.
h) Das ist eine Küchenlampe. Die Lampe hat vier Glühbirnen. Sie kostet € 157,–.
i) Das ist ein Küchenregal. Das Regal ist sehr praktisch. Es kostet € 108,–.

7. **a)** Spüle **b)** Bild **c)** Abfalleimer **d)** Regal **e)** Uhr

8. **1** *Ein Elektroherd* **2** *Eine* Lampe **3** Ein Tisch **4** Ein Waschbecken **5** Batterien **6** Ein Wasserhahn **7** Ein Foto **8** Eine Taschenlampe **9** Ein Topf **10** Eine Mine **11** Ein Kugelschreiber **12** Ein Taschenrechner **13** Eine Uhr **14** Ein Stuhl **15** Ein Fernsehapparat **16** Zahlen **17** Eine Steckdose **18** Ein Stecker **19** Ein Radio **20** Eine Kamera **21** Ein Telefon **22** Ein Bild **23** Ein Abfalleimer **24** Ein Kühlschrank **25** Eine Glühbirne

9. **a)** *Wer ist das?* **b)** Was ist das? **c)** Was ist das? **d)** Wer ist das? **e)** Was **f)** Wer **g)** Wer **h)** Was

10. **a)** *Da ist kein* Elektroherd. **b)** Da ist kein Tisch. **c)** Da ist keine Lampe. **d)** Da ist kein Regal. **e)** Da sind keine Stühle. **f)** Da ist keine Waschmaschine.

11. **a)** Elektroherd, Fernsehapparat, Abfalleimer, Kühlschrank, Kugelschreiber, Stecker, Stuhl, Taschenrechner, Geschirrspüler, Schrank, Tisch
b) Taschenlampe, Mine, Lampe, Glühbirne, Uhr, Steckdose, Spüle, Mikrowelle
c) Foto, Bild, Radio, Regal, Telefon, Handy

12.
-e *das Telefon, die Telefone*; der Elektroherd, die Elektroherde; der Tisch, die Tische; der Beruf, die Berufe; das Regal, die Regale; der Fernsehapparat, die Fernsehapparate
¨-e *der Stuhl, die Stühle*; der Wasserhahn, die Wasserhähne; der Topf, die Töpfe; der Arzt, die Ärzte
-n *die Lampe, die Lampen*; die Spüle, die Spülen; der Name, die Namen; die Glühbirne, die Glühbirnen; die Spülmaschine, die Spülmaschinen; die Batterie, die Batterien; die Mikrowelle, die Mikrowellen; die Mine, die Minen.
-en *die Uhr, die Uhren*; die Zahl, die Zahlen; die Frau, die Frauen
- *der Stecker, die Stecker*; der Kugelschreiber, die Kugelschreiber; der Abfalleimer, die Abfalleimer; das Waschbecken, die Waschbecken; der Ausländer, die Ausländer; das Mädchen, die Mädchen; der Taschenrechner, die Taschenrechner
¨- *die Mutter, die Mütter*
-er *das Bild, die Bilder*; das Kochfeld, die Kochfelder; das Kind, die Kinder
¨-er *der Mann, die Männer*; das Land, die Länder
-s *das Foto, die Fotos*; die Kamera, die Kameras; das Radio, die Radios; das Hobby, die Hobbys; das Auto, die Autos; das Handy, die Handys

13. **a)** *264* **b)** 192 **c)** 581 **d)** 712 **e)** 655 **f)** 963 **g)** 128 **h)** 313 **i)** 731 **j)** 547 **k)** 886 **l)** 675 **m)** 238 **n)** 493 **o)** 922 **p)** 109 **q)** 816 **r)** 201

14. **a)** achthundertzwei **b)** einhundertneun **c)** zweihundertvierunddreißig **d)** dreihundertsechsundfünfzig **e)** siebenhundertachtundachtzig **f)** dreihundertdreiundsiebzig **g)** neunhundertzwölf **h)** vierhunderteins **i)** sechshundertzweiundneunzig **j)** fünfhundertdreiundvierzig **k)** vierhundertachtundzwanzig **l)** siebenhundertneunundsiebzig **m)** zweihundertvierundachtzig **n)** neunhundertsiebenundneunzig **o)** zweihundertachtunddreißig **p)** fünfhundertdreizehn **q)** neunhundertvierundfünfzig **r)** siebenhundertsechsundachtzig

15. **a)** Ihre **b)** dein **c)** Ihre **d)** Ihre **e)** deine **f)** deine

16. **a)** Benzin **b)** Foto **c)** frei **d)** waschen **e)** hören und sprechen **f)** spülen **g)** bequem

17. **a)** sie **b)** es **c)** sie **d)** er **e)** sie **f)** sie **g)** sie **h)** es

18. **a)** fährt gut **b)** ist ehrlich **c)** spült nicht **d)** antwortet nicht **e)** ist kaputt **f)** wäscht nicht **g)** ist leer **h)** ist praktisch **i)** wäscht gut **j)** ist ledig **k)** ist klein **l)** ist ehrlich

19. **b)** *Nein, das* sind ihre Fotos. **c)** Nein, das ist sein Kugelschreiber. **d)** Nein, das ist ihr Radio. **e)** Nein, das ist ihre Lampe. **f)** Nein, das ist ihr Fernsehapparat. **g)** Nein, das sind seine Batterien. **h)** Nein, das ist ihre Kamera. **i)** Nein, das ist ihr Auto. **j)** Nein, das ist seine Taschenlampe. **k)** Nein, das ist ihr Taschenrechner. **l)** Nein, das ist ihr Handy.

Lektion 3

1. ESSEN: REIS, GEMÜSE, KÄSE, FLEISCH, HÄHNCHEN
   TRINKEN: TEE, BIER, MILCH, ORANGENSAFT, KAFFEE, WASSER, WEIN
   SONSTIGES: FLASCHE, DOSE, ABEND, TASSE, TELLER, MITTAG, GABEL, LÖFFEL, MESSER

2. **a)** ... *Der Sohn* isst ein Hähnchen mit Pommes frites und trinkt eine Limonade.
   b) *Der Vater isst* eine Bratwurst mit Brötchen und trinkt ein Bier. Die Tochter isst einen Hamburger und trinkt eine Cola.
   c) Sie trinkt ein Glas Wein. Er trinkt auch ein Glas Wein.
   d) Die Frau isst ein Stück Kuchen / einen Kuchen und trinkt eine Tasse Tee / einen Tee.

3. **a)** *Er isst gern* Hamburger, Pizza, Pommes frites und Eis, *und er trinkt gern* Cola. *Aber er mag keinen Salat,* keinen Käse, kein Bier und keinen Wein.
   b) Sie isst gern Obst, Fisch und Marmeladebrot, und sie trinkt gern Wein. Aber sie mag kein Eis, keinen Kuchen, keine Wurst, keine Pommes frites und kein Bier.
   c) Er isst gern Fleisch, Wurst und Kartoffeln, und er trinkt gern Bier und Wein. Aber er mag keinen Fisch, keinen Reis und kein Wasser.

4. **a)** A, B, D **b)** B, C, D **c)** A, B, C **d)** B, C, D **e)** B, C, D **f)** A, C, D

5. **a)** immer **b)** meistens **c)** oft **d)** manchmal **e)** *selten* **f)** *nie*

6. **a)** *Sonja möchte Pommes frites und* einen Orangensaft.
   b) Michael möchte einen Hamburger, eine Cola und ein Eis.
   c) Frau Meinen möchte einen Kuchen / ein Stück Kuchen und einen Kaffee.
   d) Herr Meinen möchte eine Gemüsesuppe, einen Kartoffelsalat und ein Bier.

7. **a)** Suppe **b)** Gemüse **c)** Kaffee **d)** Tasse **e)** Gabel **f)** Bier **g)** Hauptgericht **h)** Eis **i)** immer **j)** mittags

8. *Fleisch, kalt*: Wurst, Kalter Braten; *warm:* Bratwurst, Schweinebraten, Rindersteak, Hähnchen, Rindfleischsuppe; *kein Fleisch, kalt*: Eis, Salatteller, Apfelkuchen, Obst, Fischplatte, Schwarzbrot, Weißbrot, Früchtebecher; *warm*: Fischplatte, Gemüsesuppe, Zwiebelsuppe

9. **a)** Glas **b)** essen **c)** Kalb / Schwein **d)** trinken **e)** Ketchup **f)** Fleisch **g)** dein **h)** abends **i)** Gasthof / Restaurant **j)** Hauptgericht

10. **b)** das Hauptgericht **c)** das Schwarzbrot **d)** die Bratwurst **e)** der Apfelkuchen **f)** der Schweinebraten **g)** das Rindersteak **h)** der Nachtisch **i)** der Rotwein **j)** der Kartoffelsalat **k)** die Zwiebelsuppe

11. **Kellner:** e), g), j), m) **Gast:** *a)*, b), c), f), l) **Text:** *d)*, h), i), k)

12. a)
    ● *Was bekommen Sie?*
    ■ Ein Rindersteak, bitte.
    ● Mit Reis oder Kartoffeln?
    ■ Mit Kartoffeln.
    ● Und was bekommen Sie?
    ▲ Gibt es eine Gemüsesuppe?
    ● Ja, die ist sehr gut.
    ▲ Dann bitte eine Gemüsesuppe und ein Glas Wein.
    ● Und was möchten Sie trinken?
    ■ Eine Flasche Mineralwasser.

    b)
    ■ *Bezahlen bitte!*
    ● Zusammen?
    ■ Nein, getrennt.
    ● Was bezahlen Sie?
    ■ Das Rindersteak und das Mineralwasser.
    ● Das macht 17 Euro 60. – Und Sie bezahlen den Wein und die Gemüsesuppe?
    ▲ Ja, richtig.
    ● Sechs Euro 90, bitte.

13. **b)**... den Obstsalat? ... das Eis mit Sahne. **c)** ... den Wein? ... das Bier. **d)** ... das Eis? ... den Kuchen. **e)** ... die Suppe? ... das Käsebrot. **f)** ... den Fisch? ... das Kotelett . **g)** ... den Kaffee? ... den Tee. **h)** ... die Kartoffeln? ... den Reis. **i)** den Hamburger? ... die Fischplatte.

14. **b)** ein · nicht · keinen **c)** keinen **d)** kein **e)** ein · nicht **f)** einen · keine **g)** einen · keinen · ein **h)** nicht

15. **a)** B, C **b)** A, B **c)** B **d)** C **e)** C **f)** B, C **g)** A, C **h)** A, B

16.

	antworten	fahren	essen	nehmen	mögen
ich	antworte	*fahre*	esse	nehme	mag
du	antwortest	fährst	*isst*	nimmst	magst
Sie	antworten	fahren	essen	*nehmen*	mögen
er / sie / es	antwortet	fährt	isst	nimmt	*mag*
wir	antworten	fahren	essen	*nehmen*	mögen
ihr	antwortet	fahrt	*esst*	nehmt	mögt
Sie	antworten	*fahren*	essen	nehmen	mögen
sie	*antworten*	fahren	essen	nehmen	mögen

17. **a)** *nimmst* **b)** nehme / esse **c)** ist **d)** schmeckt / ist **e)** nimmst / isst **f)** nehme / esse **g)** magst / isst **h)** Nimm / Iss **i)** ist **j)** esse **k)** trinkst **l)** nehme / trinke **m)** nehme / trinke

18. **A** 3 **B** 9 (10) **C** 11 **D** 1 **E** 4 **F** 2 **G** 5 **H** 7 **I** 10 **J** 6 **K** 8

19. **a)**
- ● *Guten Appetit!*
- ■ *Danke.*
- ● *Wie* schmeckt's?
- ■ Danke, sehr gut. Wie heißt das?
- ● Pichelsteiner Eintopf. Das ist Schweinefleisch mit Kartoffeln und Gemüse.
- ■ Der Eintopf schmeckt wirklich gut.
- ● Möchten Sie noch mehr?
- ■ Ja, noch etwas Fleisch und Gemüse, bitte!

b)
- ● *Guten Appetit.*
- ■ *Danke. Ihnen auch.*
- ● *Schmeckt's?*
- ■ *Ja*, fantastisch. Wie heißt das?
- ● Strammer Max. Brot mit Schinken und Ei.
- ■ Das schmeckt wirklich gut.
- ● Nehmen Sie doch noch einen.
- ■ Danke. Ein Strammer Max ist genug.

20. **a)** *Er · er* **b)** Er **c)** Sie **d)** Es · es **e)** Sie · sie **f)** Es · es **g)** Sie **h)** Er

21. **a)** C **b)** B **c)** C **d)** A **e)** B **f)** A

22. **A:** a, f, g, h **B:** a, b, f, m **C:** f, o **D:** e, o, p **E:** c, e, i, j, k, n, o, p **F:** e, i, j, k, n, o, p **G:** a, f, g, h **H:** d, j, l

23. **a)** *achtundneunzig* **b)** *36* **c)** dreiundzwanzig **d)** hundertneunundvierzig **e)** siebenhundertsiebenundsiebzig **f)** neunhunderteinundfünfzig **g)** 382 **h)** fünfhundertfünfundsechzig **i)** zweihundertfünfzig **j)** fünfhundert

24.

	Vorfeld	*Verb$_1$*	*Subj.*	*Angabe*	*Ergänzung*	*Verb$_2$*
a)	*Ich*	*trinke*		*abends meistens*	*eine Tasse Tee.*	
b)	Abends	trinke	ich	meistens	Tee.	
c)	Tee	trinke	ich	nur abends.		
d)	Meine Kinder	möchten			Landwirte	werden.
e)	Markus	möchte		für Inge	ein Essen	kochen.
f)	Was	möchten	Sie?			
g)	Das Brot	ist			alt und hart.	
h)	Ich	bin		jetzt	satt.	

25. *waagerecht*: *MARMELADE*, KAFFEE, BOHNEN, SAFT, GABEL, WASSER, EI, HÄHNCHEN, SUPPE, KOTELETT, PILS, NACHTISCH, EXPORT, EIS, MEHL, WURST, RINDFLEISCH, ZUCKER, ALTBIER, WEISSBIER

senkrecht: STEAK, BROT, BUTTER, MILCH, *REIS, MESSER*, BIER, LÖFFEL, GEMÜSE, FISCH, APFEL, KUCHEN, KÄSE, NUDELN, WEIN, OBST, DOSE, KÖLSCH

Lektion 4

1. **a)** Bäcker **b)** Bibliothek **c)** Café **d)** Schwimmbad **e)** Kino **f)** Friseur **g)** Bank **h)** Geschäft
2. **a)** *Musik hören* **b)** tanzen **c)** fernsehen **d)** schlafen **e)** aufstehen **f)** Fleisch schneiden **g)** ein Bier trinken / Bier trinken **h)** Geld wechseln **i)** ein Foto machen / Fotos machen **j)** frühstücken **k)** einen Spaziergang machen **l)** schwimmen
3. **a)** Hier darf Eva nicht rauchen. **b)** Hier darf Eva rauchen. **c)** Eva möchte nicht rauchen. **d)** Hier darf Eva kein Eis essen. **e)** Eva kann hier ein Eis essen. **f)** Eva muss hier warten. **g)** Eva darf hier nicht fotografieren. **h)** Eva möchte fotografieren. **i)** Eva muss aufstehen.
4. **a)** schlafen **b)** Arbeit **c)** Maschine **d)** zeichnen **e)** essen **f)** stören **g)** Musik
5. **a)** schläft **b)** liest **c)** Siehst **d)** Siehst · fern **e)** spricht **f)** Sprichst **g)** fährt / fahren **h)** Schläfst **i)** fährt **j)** Isst · nimmst
6.

	lesen	essen	schlafen	sprechen	sehen
ich	*lese*	esse	schlafe	spreche	sehe
du	liest	isst	schläfst	sprichst	siehst
er, sie, es, man	liest	isst	schläft	spricht	sieht
wir	lesen	essen	schlafen	sprechen	sehen
ihr	lest	esst	schlaft	sprecht	seht
sie, Sie	lesen	essen	schlafen	sprechen	sehen

7. **a)** *stehe · auf* **b)** Hören · – **c)** sehe · fern **d)** kaufe · – **e)** Machst · auf **f)** Machst · – **g)** Kaufst · ein **h)** Hören · auf **i)** hören · zu **j)** Siehst · – **k)** gibt · aus
8. **a)** darf · musst **b)** möchten **c)** dürfen / können · müsst · könnt / dürft **d)** möchte · Darf · kannst **e)** darf · musst
9. **A.**

	möchten	können	dürfen	müssen
ich	möchte	kann	darf	muss
du	möchtest	kannst	darfst	musst
er, sie, es, man	möchte	kann	darf	muss
wir	möchten	können	dürfen	müssen
ihr	möchtet	könnt	dürft	müsst
sie, Sie	möchten	können	dürfen	müssen

B.

	Vorfeld	*Verb$_1$*	*Subj.*	*Angabe*	*Ergänzung*	*Verb$_2$*
a)	*Nils*	*macht*			die Flasche	auf.
b)	Nils	möchte			die Flasche	aufmachen.
c)		Macht	Nils		die Flasche	auf?
d)		Möchte	Nils		die Flasche	aufmachen?
e)	Wer	macht			die Flasche	auf?
f)	Wer	möchte			die Flasche	aufmachen?

10. **A** 5 **B** 2 **C** 4 **D** 6 **E** 1 **F** 3 **G** 7
11. *einen Verband*, Musik, einen Spaziergang, eine Bestellung, einen Film, Betten, einen Kaffee, das Abendessen, einen Fehler, eine Reise, ein Kotelett, die Arbeit, Käse, eine Torte, Pause, Kartoffelsalat, das Frühstück

12. **b)** ● Jochen steht um sieben Uhr auf. Möchtest du auch um sieben Uhr aufstehen? ■ Nein, ich stehe lieber erst um halb acht auf.
c) ● Klaus und Bernd spielen Tennis. Möchtest du auch Tennis spielen? ■ Nein, ich spiele lieber Fußball.
d) ● Renate macht einen Spaziergang. Möchtest du auch einen Spaziergang machen? ■ Nein, ich sehe lieber fern.
e) ● Wir hören Radio. Möchtest du auch Radio hören? ■ Nein, ich mache lieber einen Spaziergang.
f) ● Müllers nehmen ein Sonnenbad. Möchtest du auch ein Sonnenbad nehmen? ■ Nein, ich räume lieber die Küche auf.
g) ● Maria sieht fern. Möchtest du auch fernsehen? ■ Nein, ich spiele lieber Klavier.

13. **a)** noch · schon · erst **b)** schon · noch **c)** erst **d)** noch · schon

14. **a)** Achtung **b)** Mannschaft **c)** Pause **d)** Frauen **e)** Film **f)** anfangen **g)** geöffnet

15. *Wann?: um 20.00 Uhr,* abends, heute, morgens, morgen, mittags, zwischen 5.00 und 6.00 Uhr, am Mittwoch, morgen um halb acht
Wie lange?: bis 1.00 Uhr, vier Tage, zwei Monate, zwei Jahre, bis Mittwoch, von 9.00 bis 17.00 Uhr, bis 3.00 Uhr

16. **b)** Der ICE 1501 fährt um acht Uhr neun in Frankfurt ab und ist um zwölf Uhr achtundvierzig in Dresden. **c)** Der ICE 1517 fährt um acht Uhr acht in Hamburg ab und ist um zehn Uhr vierzehn in Berlin. **d)** Der EC 175 fährt um elf Uhr acht in Hamburg ab und ist um dreizehn Uhr einunddreißig in Berlin. **e)** Der IC 2295 fährt um neun Uhr achtundfünfzig in Stuttgart ab und ist um zwölf Uhr achtzehn in München. **f)** Der ICE 513 fährt um zehn Uhr zwölf in Stuttgart ab und ist um zwölf Uhr fünfundzwanzig in München. **g)** Der RE 11609 fährt um neun Uhr drei in Lübeck ab und ist um zehn Uhr vierundfünfzig in Rostock. **h)** Der RE 33415 fährt um achtzehn Uhr drei in Lübeck ab und ist um neunzehn Uhr siebenundfünzig in Rostock. **i)** Der EC 100 fährt um achtzehn Uhr sechsundfünfzig in Münster ab und ist um zwanzig Uhr elf in Bremen. **j)** Der EC 6 fährt um zwanzig Uhr sechsundfünfzig in Münster ab und ist um zweiundzwanzig Uhr fünfzehn in Bremen. **k)** Der RE 11526 fährt um siebzehn Uhr einundvierzig in Kiel ab und ist um achtzehn Uhr zweiundfünfzig in Flensburg. **l)** Der RE 11532 fährt um zwanzig Uhr einundvierzig in Kiel ab und ist um einundzwanzig Uhr zweiundfünfzig in Flensburg.

17. **a)** Komm, wir müssen gehen! Die Gymnastik fängt um Viertel vor acht an. · Wir haben noch Zeit. Es ist erst fünf nach sieben.
b) ... Der Vortrag fängt um halb neun an. · ... erst zehn vor acht.
c) ... Der Fotokurs fängt um elf Uhr an. · ... erst fünf vor halb elf.
d) ... Das Tennisspiel fängt um viertel nach vier an. · ... erst fünf nach halb vier.
e) ... Die Tanzveranstaltung fängt um halb zehn an. · ... erst viertel vor neun.
f) ... Die Diskothek fängt um elf Uhr an. · ... erst zwanzig nach zehn.

18. **ja:** Na klar!, In Ordnung!, Gern!, Na gut!, Die Idee ist gut!, Gut!
nicht ja und nicht nein: Vielleicht!, Ich weiß noch nicht!, Kann sein!
nein: Ich habe keine Lust!, Tut mir leid, das geht nicht!, Leider nicht!, Ich kann nicht!, Ich habe keine Zeit!, Ich mag nicht!

19. **a)** Wann? **b)** Wie viele (Tassen)? **c)** Wie oft? **d)** Wie viel? **e)** Wie lange? **f)** Wie spät? **g)** Wie lange? **h)** Wann? **i)** Wie lange? / Wann? **j)** Wie oft? **k)** Wie viele?

20. ● *Sag mal,* Hans, hast du heute Nachmittag Zeit?
■ Warum fragst du?
● Ich möchte gern schwimmen gehen. Kommst du mit?
■ Tut mir leid, ich muss heute arbeiten.
● Schade. Und morgen Nachmittag?
■ Ja, gern. Da kann ich.

21. **a)** Morgen Abend **b)** morgens **c)** Morgen Nachmittag **d)** nachmittags, abends **e)** abends **f)** Morgen früh **g)** Mittags **h)** Morgen Mittag

22. **„da“ = Ort:** Sätze a), c), d); **„da“ = Zeitpunkt:** Sätze b), e), f)

23. **a)** muss **b)** kann · muss **c)** kann · kann **d)** muss **e)** muss · kann **f)** kann · muss **g)** kann

24. **a)** Sonntag **b)** Situation **c)** hören **d)** abfahren **e)** heute **f)** groß **g)** wo?

25. **kann (1):** b), d) **kann (2):** a), c), f) **darf:** e)

26. **A. b)** *Um halb zwölf spielt sie* Tischtennis. – *Ich gehe* morgens spazieren. **c)** Um halb eins schwimmt sie. – Man kann hier nicht schwimmen. **d)** Um 13 Uhr isst sie (sehr viel). – Ich esse hier fast nichts, denn das Essen schmeckt nicht gut. **e)** Um 14 Uhr trifft sie Männer (und flirtet). – Man trifft keine Leute. **f)** Um 17 Uhr ist sie im Kino. / … sieht sie einen Film. – Es gibt auch kein Kino. **g)** Um 23 Uhr tanzt sie. – Abends sehe ich meistens fern. **h)** Um ein Uhr (nachts) trinkt sie Sekt. – Ich gehe schon um neun Uhr schlafen.

B. Individuelle Lösung.

Lektion 5

1. **b)** wohnen + das Zimmer **c)** schreiben + der Tisch **d)** waschen + die Maschine **e)** fernsehen + der Apparat **f)** das Waschbecken **g)** die Bratwurst **h)** die Steckdose **i)** der Kleiderschrank **j)** der Fußball **k)** die Hausfrau **l)** die Taschenlampe **m)** der Taschenrechner

2. **b)** Das Waschmittel ist nicht für die Waschmaschine, sondern für den Geschirrspüler. **c)** Der Spiegel ist nicht für das Bad, sondern für die Garderobe. **d)** Das Radio ist nicht für das Wohnzimmer, sondern für die Küche. **e)** Die Stühle sind nicht für die Küche, sondern für den Balkon. **f)** Der Topf ist nicht für die Mikrowelle, sondern für den Elektroherd. **g)** Die Batterien sind nicht für die Taschenlampe, sondern für das Radio.

3. **a)** Teppich **b)** Spiegel **c)** Fenster **d)** Lampe **e)** zufrieden **f)** fernsehen

4. **a)** ● *Gibt es hier eine Post?*
■ *Nein, hier* gibt es keine.
● *Wo* gibt es denn eine?
■ *Das weiß* ich nicht.

b) ● *Gibt* es hier eine Bibliothek?
■ *Nein*, hier gibt es keine.
● *Wo* gibt es denn eine?
■ *Das* weiß ich nicht.

c) ● Gibt es hier ein Café?
■ Nein, hier gibt es keins.
● Wo gibt es denn eins?
■ Das weiß ich nicht.

d) ● Gibt es hier ein Telefon?
■ Nein, hier gibt es keins.
● Wo gibt es denn eins?
■ Das weiß ich nicht.

e) ● Gibt es hier einen Automechaniker?
■ Nein, hier gibt es keinen.
● Wo gibt es denn einen?
■ Das weiß ich nicht.

f) ● Gibt es hier eine Bäckerei?
■ Nein, hier gibt es keine.
● Wo gibt es denn eine?
■ Das weiß ich nicht.

g) ● Gibt es hier einen Gasthof?
■ Nein, hier gibt es keinen.
● Wo gibt es denn einen?
■ Das weiß ich nicht.

h) ● Gibt es hier einen Supermarkt?
■ Nein, hier gibt es keinen.
● Wo gibt es denn einen?
■ Das weiß ich nicht.

5. **a)** ● *Ich brauche noch Äpfel. Haben* wir noch welche? ■ *Nein*, es sind keine mehr da.
b) ● *Ich möchte noch Soße. Haben* wir noch welche? ■ *Nein*, es ist keine mehr da.
c) ● Ich brauche noch Zitronen. Haben wir noch welche? ■ Nein, es sind keine mehr da.
d) ● Ich möchte noch Eis. Haben wir noch welches? ■ Nein, es ist keins mehr da.
e) ● Ich möchte noch Saft. Haben wir noch welchen? ■ Nein, es ist keiner mehr da.
f) ● Ich brauche (möchte) noch Tomaten. Haben wir noch welche? ■ Nein, es sind keine mehr da.
g) ● Ich möchte (brauche) noch Kartoffeln. Haben wir noch welche? ■ Nein, es sind keine mehr da.
h) ● Ich möchte noch Gemüse. Haben wir noch welches? ■ Nein, es ist keins mehr da.
i) ● Ich möchte noch Fleisch. Haben wir noch welches? ■ Nein, es ist keins mehr da.
j) ● Ich möchte noch Tee. Haben wir noch welchen? ■ Nein, es ist keiner mehr da.
k) ● Ich möchte noch Marmelade. Haben wir noch welche? ■ Nein, es ist keine mehr da.
l) ● Ich möchte noch Früchte. Haben wir noch welche? ■ Nein, es sind keine mehr da.
m) ● Ich brauche noch Gewürze. Haben wir noch welche? ■ Nein, es sind keine mehr da.
n) ● Ich brauche noch Öl. Haben wir noch welches? ■ Nein, es ist keins mehr da.
o) ● Ich möchte noch Salat. Haben wir noch welchen? ■ Nein, es ist keiner mehr da.
p) ● Ich möchte noch Suppe. Haben wir noch welche? ■ Nein, es ist keine mehr da.
q) ● Ich möchte noch Obst. Haben wir noch welches? ■ Nein, es ist keins mehr da.

6. **a)** Eine · eine **b)** Eine · keine **c)** – · keine **d)** – · welches **e)** Ein · eins **f)** – · welchen **g)** – · welche **h)** Ein · keins

7.

ein Herd:	*einer*	einen	ein Bett.	*eins*	eins
kein Herd:	*keiner*	keinen	kein Bett:	keins	keins
Wein:	*welcher*	welchen	Öl:	welches	*welches*
eine Lampe:	eine	eine	Eier:	welche	welche
keine Lampe:	keine	*keine*	keine Eier:	keine	keine
Butter:	welche	welche			

8. a) ● *Sind die Sessel neu?*
■ *Nein, die* sind alt.
● Und die Stühle?
■ Die sind neu.
b) ● Ist das Regal neu?
■ Nein, das ist alt.
● Und der Schrank?
■ Der ist neu.
c) ● Ist die Waschmaschine neu?
■ Nein, die ist alt.
● Und der Kühlschrank?
■ Der ist neu.
d) ● Ist der Schreibtisch neu?
■ Nein, der ist alt.
● Und der Stuhl?
■ Der ist neu.
e) ● Ist die Garderobe neu?
■ Nein, die ist alt.
● Und der Spiegel?
■ Der ist neu.
f) ● Ist die Kommode neu?
■ Nein, die ist alt.
● Und die Regale?
■ Die sind neu.
g) ● Ist das Bett neu?
■ Nein, das ist alt.
● Und die Lampen?
■ Die sind neu.

9. **a)** *Das* **b)** Den **c)** Das **d)** Die **e)** Die **f)** Das **g)** Die **h)** Die **i)** Das **j)** Den **k)** Den **l)** Das **m)** Die

10. **a)** *der*, die, das, die
b) den, die, das, die

11. ● *Du, ich habe jetzt eine Wohnung.*
■ *Toll! Wie* ist sie denn?
● Sehr schön. Ziemlich groß und nicht zu teuer.
■ Und wie viele Zimmer hat sie?
● Zwei Zimmer, eine Küche und ein Bad.
■ Hast du auch schon Möbel?
● Ja, ich habe schon viele Sachen.
■ Ich habe noch einen Küchentisch. Den kannst du haben.
● Fantastisch! Den nehme ich gern.

12. *(Rottweil)*, den … 19 ….

Liebe(r)…,

ich habe jetzt eine Wohnung in Rottweil. *Sie hat* drei Zimmer, eine Küche und ein Bad. *Sie ist* hell und schön, aber klein und ziemlich teuer. *Ich habe schon* einen Herd, *aber ich brauche noch* einen Schrank für die Garderobe. Hast du einen? Oder hast du vielleicht eine Lampe? Schreib bitte bald!

Viele liebe Grüße …

(Andere Lösungen sind möglich.)

13. **a)** *Adresse* **b)** Wohnung (Haus) **c)** Haus **d)** Zeit **e)** Familie

14. **a)** bauen **b)** kontrollieren **c)** suchen **d)** verdienen **e)** anrufen **f)** werden

15. **b)** Eigentlich möchte Veronika / Veronika möchte eigentlich einen Freund anrufen, aber ihr Telefon ist kaputt. **c)** Eigentlich möchte Veronika / Veronika möchte eigentlich ein Haus kaufen, aber sie findet keins. **d)** Eigentlich möchte Veronika / Veronika möchte eigentlich nicht einkaufen gehen, aber ihr Kühlschrank ist leer. **e)** Eigentlich möchte Veronika / Veronika möchte eigentlich nicht umziehen, aber ihre Wohnung ist zu klein.

16. **a)** unter **b)** etwas (über, unter) **c)** von · bis **d)** Unter **e)** zwischen **f)** etwa **g)** Über

17.

Vorfeld	$Verb_1$	Subj.	Angabe	Ergänzung	$Verb_2$
a) *Sie*	*möchten*		gern		bauen.
b) Sie	möchten		gern	ein Haus	bauen.
c) Sie	möchten		gern in Frankfurt	ein Haus	bauen.
d) In Frankfurt	möchten	sie	gern	ein Haus	bauen.
e) Eigentlich	möchten	sie	gern in Frankfurt	ein Haus	bauen.
f) Warum	bauen	sie	nicht in Frankfurt	ein Haus?	

18. **a)** A, C **b)** B, C **c)** A, B **d)** B **e)** A, B **f)** A, C **g)** A **h)** A

19. **A.** *Familie Höpke* wohnt in *Steinheim. Ihre Wohnung* hat *nur drei Zimmer. Das ist zu* wenig, *denn die* Kinder *möchten beide ein* Zimmer. *Die Wohnung ist nicht* schlecht *und auch* nicht (sehr) *teuer. Aber Herr Höpke* arbeitet *in Frankfurt. Er muss morgens und* abends *immer über eine* Stunde *fahren. Herr Höpke* möchte *in Frankfurt wohnen, aber dort* sind *die* Wohnungen *zu teuer. So viel Geld kann er für die Miete nicht* bezahlen. *Aber Höpkes* suchen *weiter.* Vielleicht *haben sie ja Glück.*

B. Individuelle Lösung.

20. **1** *das Dach* **2** der erste Stock **3** das Erdgeschoss **4** der Keller **5** die Garage **6** der Garten **7** die Terrasse **8** der Balkon **9** der Hof **10** die Wand **11** der Aufzug **12** die Heizung **13** das Fenster

21. **a)** haben **b)** machen **c)** machen **d)** haben **e)** haben **f)** haben / machen **g)** haben / machen **h)** haben

22. **a)** *Erlaubnis* **b)** Dach **c)** Minuten **d)** Hochhaus · Appartement **e)** Hof **f)** Streit **g)** Vermieter **h)** Nachbarn **i)** Wände **j)** Platz **k)** Komfort **l)** Miete **m)** Krach · Lärm

23. **a)** in der · auf der **b)** in seinem · am **c)** in der · auf seinem **d)** in der · in ihrem · auf ihrer **e)** auf dem · am **f)** in einem **g)** auf dem **h)** am

24. **a)** C **b)** C **c)** A **d)** A **e)** B **f)** B **g)** C **h)** B **i)** B **j)** A

25.
- ● *Sie* können *doch jetzt nicht mehr feiern!*
- ■ *Und warum nicht? Ich* muss *morgen nicht arbeiten und* kann *lange schlafen.*
- ● *Aber es ist 22 Uhr. Wir* möchten *schlafen, wir* müssen *um sechs Uhr aufstehen.*
- ■ *Und wann* darf / kann *ich dann feiern? Vielleicht mittags um zwölf? Da hat doch niemand Zeit, da* kann *doch niemand kommen.*
- ● *Das ist Ihr Problem. Jetzt* müssen *Sie leise sein, sonst holen wir die Polizei.*

26. **A** 8 **B** 4 **C** 7 **D** 6 **E** 1 (8) **F** 2 **G** 5 **H** 3

27. **a)** Natur **b)** Industrie **c)** Urlaub **d)** Hotel

28. **A.** *Hotel laut, nicht* sauber, kein Komfort. *Zimmer* hässlich und teuer, Essen nicht so gut. Diskothek und Hallenbad geschlossen. Nur spazieren gehen: nicht schön, ziemlich viele Autos, keine Erholung

B. *Liebe Margret,*

viele Grüße von der Insel Rügen. Ich bin jetzt schon zwei Wochen hier, *und der Urlaub ist fantastisch. Das Hotel* ist ruhig und sauber, und wir haben viel Komfort. Die Zimmer sind schön und nicht sehr teuer, und das Essen schmeckt wirklich herrlich. Das Hallenbad ist immer geöffnet und die Diskothek jeden Abend.

Ich kann hier auch spazieren gehen, und das ist sehr schön, denn hier fahren nur wenige Autos, und die stören nicht.

Am Dienstag bin ich wieder zu Hause.

Viele Grüße, Hanne

(Andere Lösungen sind möglich.)